BÖLCSESSÉGŐRZŐK ÚTMUTATÓJA A BELSŐ MUNKÁHOZ:

A FELÉBREDÉS 64 ARCA
A BÖLCSESSÉGŐRZŐK KÁRTYACSOMAG ÚTMUTATÓJA

Merülj el a *Bölcsességőrzők* arcában,
és érezd azt az *együttérzést* és *szeretetet*,
amivel rád tekintenek és támogatnak téged.

Dr. Rosy Aronson, Ph.D. alkotása

A fordítás az alábbi kiadás alapján készült:
Copyright © Rosy Aronson, 2015
Írta és szerkesztette Rosy Aronson

A kártyákat rajzolta és szerkesztette Kim és Rosy Aronson
Szerkesztő, kiadó és kreatív startup tanácsadó: Ann Cameron AC Creative
Szerkesztő és design tanácsadó: Colette de Gagnier és a *Mystic Alchemy Design*
Szerkesztésben közreműködött Evelyn és Marilee Aronson

Seal Pup Press
PO Box 138
Berkeley, CA 94701
sealpuppress.com

Fordította: Cseh Dorottya © 2022
Lektorálta: Nagy Katalin, Gál Katalin, Láng Viktória

© Minden jog fenntartva.
A könyv és annak részletei, valamint a hozzá tartozó kártyacsomag - a szerző írásos jóváhagyása nélkül - semmilyen formában és értelemben nem sokszorosítható, közölhető vagy másolható. E könyv spirituális és érzelmi útmutatóként szolgál. Nem helyettesíti az orvosi vagy a pszichológiai kezelést.

A kulcsszavak és fogalmak Richard Rudd - *A Tudat Spektruma és a Génkulcsok* © 2009 *című műveiből erednek.*

WisdomKeepers.net

doroza.hu/bolcsessegorzok

Egyes *Bölcsességőrzők* emlékeztethetnek ismert személyekre, azonban a *Bölcsességőrzők* egyike sem azzal a szándékkal született, hogy meghatározott embereket, karaktereket, helyszíneket, vagy eseményeket mutassanak be. Az arcok és az általuk leírt történetek archetípusos esszenciákat és belső mély átalakulást segítő témákat hivatottak tükrözni.

A benned élő
Bölcsességőrzőnek…

SZITAKÖTŐ SZÁRNYAK

Selyemszárnyú szitakötő,
jöjj közelebb.
Hadd csodáljam halhatatlanságot idéző,
karcsú alakodban a testet öltő,
tündöklő ragyogást.

Léted egykor a víz mélyén,
szárnyak nélkül, színtelenül,
földhöz ragadtan,
sötét árnyak közepette várakozott,
hogy megújultan emelkedj most
boldog szárnyalásban hat irányba,
és olyan magasságból tekints a földre,
amilyen létezéséről mit sem sejtettél.
Te én vagy, s én Te vagyok
szépséges szitakötő.

Süttesd a nyári napfény kegyelmében
az időtlen sima sziklákon
selymes fényedet,
s taníts engem e kora reggelen,
míg figyelem átalakulásodat.

~ La Belle Rouge

AZ EMBERI ARC

*A végtelen írja történeteit
az arc körvonalaira;
élő tükrökből a végső valóság ragyog.
Kereső, elegendő e szent arcra vetni tekintetedet:
nyitottan, befogadóan,
az eleven fénybe merülve,
s mikor lélegzetünk eggyé válik, eltűnik minden, ami más.
Két arc együtt, szemtől szembe
a rejtéllyel.*

~ Tanmayo Lawson
www.premtanmayo.com

Tartalomjegyzék

Bevezetés a *Bölcsességőrzők* világába	11
Az emberi arc	12
Az alkotói folyamat	13
A történetek megszületése	15
64	16
Richard Rudd – *Génkulcsok*	17
Hogyan forduljunk a *Bölcsességőrzőkhöz*	24
Megszólal a 65 *Bölcsességőrző*	27
Egy ~ Frissesség	28
Kettő ~ Iránytartás	32
Három ~ Innováció	36
Négy ~ Megértés	40
Öt ~ Türelem	44
Hat ~ Diplomácia	48
Hét ~ Vezetés	52
Nyolc ~ Stílus	56
Kilenc ~ Határozottság	60
Tíz ~ Természetesség	64
Tizenegy ~ Idealizmus	68
Tizenkettő ~ Kifinomultság	72
Tizenhárom ~ Ítélőképesség	76
Tizennégy ~ Kompetencia	80
Tizenöt ~ Vonzerő	84
Tizenhat ~ Sokoldalúság	88
Tizenhét ~ Távolbalátás	92
Tizennyolc ~ Integritás	96
Tizenkilenc ~ Érzékenység	100
Húsz ~ Magabiztosság	104
Huszonegy ~ Tekintély	108
Huszonkettő ~Kegyesség	112
Huszonhárom ~ Egyszerűség	116
Huszonnégy ~Találékonyság	120
Huszonöt~ Elfogadás	124
Huszonhat ~ Leleményesség	128
Huszonhét ~ Önzetlenség	132
Huszonnyolc ~ Teljesség	136

Huszonkilenc ~ Elköteleződés	140
Harminc ~ Könnyedség	144
Harmincegy ~ Irányítás	148
Harminckettő ~ Megőrzés	152
Harminchárom ~Tudatos jelenlét	156
Harmincnégy ~ Erő	160
Harmincöt ~ Kaland	164
Harminchat ~ Emberség	168
Harminchét ~ Egyenlőség	172
Harmincnyolc ~ Kitartás	176
Harminckilenc ~ Lendület	180
Negyven ~ Elszántság	184
Negyvenegy ~ Előérzet	188
Negyvenkettő ~ Szenvtelenség	192
Negyvenhárom ~ Felismerés	196
Negyvennégy ~ Csapatmunka	200
Negyvenöt ~ Szinergia	204
Negyvenhat ~ Élvezet	208
Negyvenhét ~ Transzmutáció	212
Negyvennyolc ~ Ötletesség	216
Negyvenkilenc ~ Forradalom	220
Ötven ~ Egyensúly	224
Ötvenegy ~Kezdeményezés	228
Ötvenkettő ~ Visszafogottság	232
Ötvenhárom ~ Növekedés	236
Ötvennégy ~ Felfelé törekvés	240
Ötvenöt ~ Szabadság	244
Ötvenhat ~ Gazdagodás	248
Ötvenhét ~ Intuíció	252
Ötvennyolc ~ Vitalitás	256
Ötvenkilenc ~ Intimitás	260
Hatvan ~ Realizmus	264
Hatvanegy ~ Inspiráció	268
Hatvankettő ~ Pontosság	272
Hatvanhárom ~ Vizsgálat	276
Hatvannégy ~ Képzelet	280
Hatvanöt ~ Te magad!	284

A kártyák használati útmutatója és kirakási javaslatok 287
Kapcsolódás a segítő Bölcsességőrződdel 288
Bölcsességőrző Tonglen 289
Napi útmutatást és kontemplációt segítő kirakási módszer 289
Az élet virága kirakási módszer (B.L.O.S.S.O.M.) 290
Kapcsolatok kirakási módszere 291
Család és közösség kirakási módszere 292
Családfa kirakási módszer 293
Kreatív cél kirakási módszere 294
Különleges kihívás kirakási módszere 294
Belső integritás kirakási módszere 295
A 9 csakra kirakási módszere 295
Saját egyediséged felfedezése a Génkulcsok segítségével 296
A színkód megértése 297
A belső munkában való elmélyedés további lehetőségei 297
Végszó 298
Köszönetnyilvánítás 299
A szerzőről 300

ELŐSZÓ A MAGYAR KIADÁSHOZ

Nagy öröm számomra a Bölcsességőrzők útmutatásainak magyar nyelvű megjelenése. Egy olyan sokrétű eszköz válik ezennel elérhetővé, mely játékossága mellett hatalmas mélységeket rejt magában. A kártyákon látható szimbólumok, az élettörténetek és a kontemplációt segítő kérdések óriási segítséget nyújthatnak életünk bármely területén és időszakában.

A magyar nyelvű változat életre hívása egy csodálatos belső utazást jelentett számomra életem olyan időszakában, amikor nagy szükségem volt az ősi bölcsességekben rejlő üzenetekre, melyek segítségével nehézségeimet új megvilágításba helyezhettem. A Bölcsességőrzők élettörténetei visszatükrözték azokat az árnyékmintázataimat, melyekkel sokszor nehéz helyzetekbe sodortam magam és segítettek megérteni, hogy minden fájdalmunknak és nehézségünknek van egy magasabb rendű célja, melyet csak akkor tudunk felfedezni, ha képesek vagyunk a lehető legmélyebb, szívből jövő együttérzéssel elfogadni önmagunkat.

Bízom benne, hogy ez a kártyacsomag és a hozzá tartozó útmutató könyv hozzájárulhat a magyar olvasók életének átminősüléséhez és a bennük élő Bölcsességőrző kivirágzásához.

A fordítás elkészítésének időszakában sok segítséget kaptam, amiért rendkívül hálás vagyok. Nagyon sokat köszönhetek Nagy Katalinnak, a Génkulcsok magyarországi nagykövetének, akitől rengeteg támogatást és inspirációt kaptam. Felemelő érzés abban a térben időzni, melyet az ő jelenléte teremt. Köszönöm a családomnak, Cseh Olgának és dr. Cseh Botondnak, valamint Ghirasim Erika Lolitának a sok technikai segítséget és Klimits Veronika barátnőmnek a lelki támogatást.

Cseh Dorottya

KÖSZÖNETNYILVÁNÍTÁS

Mély hálámat szeretném kifejezni minden barátomnak, kliensemnek, a Designed to Blossom résztvevőknek és a Génkulcsok közösségének, amiért támogatták ennek a szívből született alkotásnak a világra jövetelét, és éltették bennem a víziót. Külön köszönet mindazoknak, akik bármilyen ösztönző módon, közvetlen közelről vettek részt a Bölcsességőrzők kártyacsomag megalkotásában: Richard Rudd, Ann Cameron, Colette de Gagnier- Rettner, Simant and Patty Herkins, William Sebrans, Elijah Parker, Eve Chan, Stephen Wong, Pam DeLeo, Jan Collins, Teresa Collins, Cyndi Silva, Jenny Karns, Rona Renner, Gina Rose, Mark Fromm, Mbali Creazzo, Sreed Vijayarangam, Rebecca Fisk, Prem Tanmayo, Olaf Schäfer, Elitsa Stoichkova, Jessica Hadari, Susan Strasburger, Jan Camp, Joell Jones, Kerane Marie Lomonaco, Valerie, Brendan, Zoe and Ella Creane, Rachel, Owen, Zev and Jacob Walker, Beth, Brian, Elianna and Audrey Washington- Deane, Ruby Arzt, Karin von Daler, Mireya Alejo, Karen Clothier, *Binah Zing*, *Aunt Sarah*, *Grandpa Sam*, *Grandma Jewel*, *Ra Uru Hu*, a bio-lélektestvérem és kreatív bábám Marilee, és az én csodálatos, és támogató szüleim és szerkesztőim Neil és Evy, a rendkívül türelmes, és korát felülmúlóan bölcs és vicces lányom, Maya, és szeretett párom, Kim, aki jóban és rosszban mellettem áll, és aki nélkül ez a kártyacsomag (és a józan eszem) most nem létezne.

És természetesen a *Bölcsességőrző* szellemek iránt is hálámat fejezem ki, akik egy olyan időszakban érkeztek közénk és az életembe, amikor óriási szükség van rájuk.

BEVEZETÉS A BÖLCSESSÉGŐRZŐK VILÁGÁBA

Bolygónkat ellentmondásos idők uralják. Ez a nagy szenvedések és nagy ígéretek korszaka. Az emberi fajként való túlélésünk mindennél jobban függ most attól, hogy képesek vagyunk-e becsülni és tisztelni a különbözőségeinket, miközben elismerjük és elfogadjuk, hogy mindannyian kapcsolatban állunk egymással.

A *Felébredés 64 arcának* életre hívásával az a szándékom, hogy visszaszerezzük, visszatükrözzük és ünnepeljük a világ lelkét, az EGY csodálatos sokféleségét. Ilyen módon szeretnék rávilágítani az egyén, vagy a törzs különleges egyediségére és egy mély, bensőséges tapasztalásra hívlak, mely meghaladja az "én" és a "másik" közötti korlátokat.

Az arcok a béke, a szeretet és a megértés olyan megjelenési formáit testesítik meg, melyeket a világban szeretnék látni, és magamban működtetni. Az ősi és az új emberi archetípusokat jelenítik meg, melyek kollektív evolúciónkkal és ősi gyökereinkkel hoznak minket újra kapcsolatba. A *Bölcsességőrzők* nagy részét időskorúnak ábrázoltam, amivel az egyik legmélyebb szándékom, hogy a fiatalság-megszállott kultúránkban becsülni és ünnepelni kezdjük ennek a gyakran láthatatlan, alulértékelt és kiaknázatlan korosztálynak a bölcsességét és ragyogását.

AZ EMBERI ARC

A gyakran "érzelmek szervének" nevezett emberi arc olyan, mint egy dinamikus vászon, és a nonverbális kommunikáció legerőteljesebb csatornája. Születésünktől fogva folyamatosan vizsgálgatjuk, tükrözzük és olvassuk a körülöttünk lévő arcokat, útmutatásokat keresve, melyek által jobban megérthetjük mások érzéseit, és meg tudjuk állapítani, hogy szerethetőek vagyunk-e, és biztonságban érezhetjük-e magunkat a világban. Az egészséges kapcsolatok kialakításához szükséges emberi képességünket mélyen meghatározza a korai éveinkben minket körülvevő gondozók arckifejezésének minősége.

Kutatások bizonyítják, hogy amikor a kisbabák empatikus arcokkal találkoznak, akkor ellazulnak és fejlődnek. Amikor semleges, vagy negatív arckifejezésekkel találkoznak, gyakran érzelmileg zavarodottá válnak és nehézségeik támadhatnak felnőttkorukban az egészséges kötődések kialakításában.

Mint köztudott, rendkívül rugalmasak vagyunk. Régi sebeinkből képesek vagyunk kigyógyulni új, szeretetteljes kapcsolatok kialakításán keresztül. Ha csak szembenézünk egy szeretetteljes és elfogadó arccal, már annak hosszútávú hatásai lehetnek arra vonatkozóan, hogy hogyan látjuk és érzékeljük magunkat, és befolyással lehet a szeretet áramoltatására való képességünkre is. Az emberi arc a mélyebb tudatossági szintek közvetítője. Amikor elég hosszú ideig nézünk egy igazán tudatos ember szemébe, elkezdjük felfedezni a saját belső ragyogásunkat és életerőnket.

A *Felébredés 64 arca* azzal a céllal született, hogy segítsen felfedezni a benned rejlő lehetőségeket, visszatükrözze a szépségedet, és támogasson a benned rejlő szeretet kibontakoztatásában. Kapcsolódj mindegyik arccal úgy, mintha egy barátoddal, a nagymamáddal, egy mentorral, egy szeretőddel, vagy egy segítőddel kapcsolódnál. Nyugodj meg a szemek csillogásában. Engedd, hogy idővel az összes *Bölcsességőrzővel* őszinte kapcsolatod alakuljon ki. Meglepődve tapasztalod majd, hogy milyen erős gyógyító erőt sugároznak. Bár mindegyik arc különböző, az összes feltétel nélküli szeretetet áraszt feléd, fontos igazságokat mutat meg rólad, és segít emlékeztetni téged azokra az álmokra, melyeket a lelkedben hordozol.

AZ ALKOTÓI FOLYAMAT

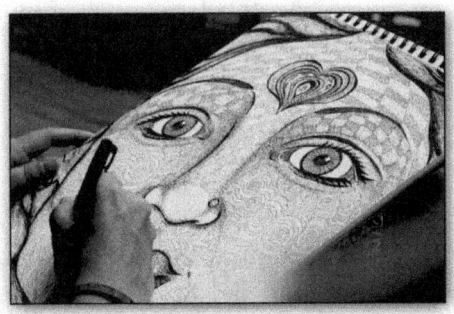

A *Felébredés 64 arcának* megszületése egy kreatív, misztikus, kalandos és mélyen intuitív folyamat eredménye. Az arcok gyakran álmok és belső képek formájában jelentek meg számomra. Időnként nagyon erős vonzódást éreztem, hogy megragadjam egy olyan személy - vagy több ember - esszenciáját, akik inspiráltak, vagy megmozgattak az archetípusokkal kapcsolatban.

Néhány arc megrajzolásában egy utcán sétáló ember, vagy egy kávézóban üldögélő személy energiája és arckifejezése inspirált. Olyan is előfordult, hogy mások osztották meg velem egy arcról alkotott elképzelésüket, és az ő látomásaikat ültettem rajz formájába. Rajzoláskor tudatosan lépek be egy intim, meditatív és intuitív térbe.

Pontról pontra, vonalról vonalra engedem bele magam egy nagyon gördülékeny, részletes folyamatba. Lassan követem figyelmemmel a fehér lap és a fekete tinta összefonódását, míg egy közös tánc során feloldódnak egymásban. Ekkor már nincs fekete és nincs fehér. Nincs ez és nincs az. Csupán egy egyetemes és archetípusos szimbólumokkal tarkított, sokoldalú lény tűnik elő a háttérből, rejtett világokba invitálva, és a csontjaimig hatoló jelenlétet árasztva magából.

Az alkotás folyamata rendkívül nyugtató hatással volt rám. Nem csupán abban segített, hogy a világunk sebzett és ellentmondásos helyzete fölött érzett szomorúságot dolgozzam fel magamban, hanem abban is, hogy megtaláljam és alkalmazzam a saját gyógymódomat. Amikor teljesen megformáltam egy-egy bölcs létezőt és belenéztem a szemébe, felismerve, dédelgetve és támogatva éreztem magam. Eleinte lenyűgözött a látvány, és a különleges szépségükbe szerettem bele, függetlenül attól, hogy milyen etnikumhoz, valláshoz tartoznak, vagy hogy milyen a bőrük színe. Még a koruk sem számít. Ami lényeges, az a tekintetük által inspirált átalakulás lehetősége.

Amióta időt szentelek rájuk, egyre ellazultabbnak, bizalomteljesebbnek, türelmesebbnek és megbocsátóbbnak érzem magam a mindennapjaimban. Úgy érzem arra ösztönöznek, hogy egyre szeretetteljesebb és igazabb életet éljek. Végső soron úgy látom ezeket a rajzokat, mint a lélek ablakai, vagy gyógyító tükrök. Mindegyik teremtmény tökéletesen egyedi tükröződése annak az igazságnak, hogy a *szeretet* és az *együttérzés* arca egyetemes, és annak a potenciálnak, amely mélyen mindegyikünkben megtalálható.

A TÖRTÉNETEK MEGSZÜLETÉSE

Mint ahogy kevés hatásom volt arra, hogy milyen karakternek adok életet a *Bölcsességőrzők* megrajzolásakor, abba is kevés beleszólásom volt, hogy mi az, amit a karakterek meg akarnak osztani velünk. Az *Útmutató könyv* megírása egy mély intuitív folyamat volt, ami teljes önátadást és bizalmat igényelt. Miközben megengedtem a *Bölcsességőrzőknek,* hogy felfedjék előttem a személyes történeteiket, a legfontosabb dolog, amire rájöttem, hogy a saját bölcsességüket és a bennük rejlő ajándékokat nem csupán azáltal fedezték fel, hogy fájdalmas és kihívást jelentő megpróbáltatásokon mentek keresztül, hanem képesek voltak azokat magukhoz is ölelni, mint ahogy Jung is tanácsolja nekünk, hogy fogadjuk el az *árnyékrészeinket*.

Rájöttem, hogy ezek a ragyogó teremtmények nem sokban különböznek tőled vagy tőlem. Mélyen emberiek. Milyen megnyugtató érzés emlékezni arra, hogy nagyon keveseknek adatik meg a megérkezettség, szeretetteljesség és együttérzés állapota anélkül, hogy megtapasztalna valamennyi fájdalmat, magányt, a diszkomfort és a félelem érzéseit. Ezért bárhol is találod most magad, ha megtanulod az életed kihívásait nyitottsággal és kíváncsisággal üdvözölni, akkor nagyon jó úton haladsz afelé, hogy a saját bölcsességed őrzőjévé válj.

Kérlek vedd figyelembe: *A Bölcsességőrzők* és a hozzájuk tartozó történetek nem meghatározott emberek történeteit mutatják be, hanem archetipikus témaköröket jelenítenek meg.

64

Amint a *Felébredés 64 arca* és az élettörténetek intuitíven megérkeztek hozzám, az archetipikus bölcsességek őrzőiként és közvetítőiként ismertem fel őket. Bele akartam ásni magam abba, hogyan kapcsolódhatnak más archetípusokkal foglalkozó tanulmányokhoz, mint például Carl Jung munkássága (az *árnyékra* fektetetett hangsúllyal), a Ji King ősi filozófiai rendszere (a 64 hexagrammal), és a Ji Kingből született számos modern, misztikus és kreatív alkotás, beleértve Ra Uru Hu - Human Design rendszerét és Richard Rudd Génkulcsok című alkotását, melyek mindegyike meghatározó inspirációs forrást jelent a kliensekkel végzett munkámban és oktatási tevékenységemben. A Ji Kingnek és a 64-es számnak rendkívüli jelentősége van az emberi felfedezések számos területén, beleértve a művészeteket, a kozmológiát, a vallást és a természettudományt. Az utóbbi években ezeket a területeket a személyes, spirituális és szakmai tanulmányaimban tártam fel. Ahogy a segítő és tanári munkám részévé tettem őket, különleges erőt adtak. Amikor kerestem a módját annak, hogy a *Felébredés 64 arcát* szélesebb körben is elterjesszem, és eljuttassam az emberekhez ezeket a bölcs személyeket egy praktikus és izgalmas *kártyacsomag* formájában, arra jutottam, hogy leginkább Richard Rudd - a *Génkulcsok* szerzőjével és az ő mélyreható munkájával tudok azonosulni.

Nagy gondossággal és hálával tettem meg mindent azért, hogy az *Útmutató könyvben* található *Bölcsességőrzők* bemutatását ötvözzem a Génkulcsok leglényegesebb fogalmaival és kulcsszavaival. Alapvető szándékom a kártyacsomagban a *Génkulcsok* és a *Felébredés 64 arcának* összefűzésével az, hogy különböző gyakorlatias, játékos, pszichológiai betekintést nyújtó és személyiségfejlesztő lehetőségeket nyújtsak arra vonatkozóan, ahogy a *Bölcsességőrzők* szolgálhatják az embereket.

A GÉNKULCSOK

Amint azt már említettem, a *Bölcsességőrzők kártyacsomag* létrehozásában részben Richard Rudd munkássága inspirált, aki a világ mítoszainak lelkes tanulmányozója, díjnyertes költő és a *Génkulcsok - a DNS-edben rejlő magasabb rendű cél feltárása* című könyv szerzője. Mivel ez a kártyacsomag önmagában is megállja a helyét, ezért a *Génkulcsok* világába való betekintőként is szolgálhat. Szívből ajánlom bárkinek, aki vonzódást érez a kártyacsomag iránt, hogy fedezze fel a *Génkulcsok* című könyvet, vagy vegyen részt az egyre bővülő online *Génkulcsok* közösségben. Mindezek nagy mértékben gazdagítják a *Bölcsességőrző* tapasztalatokat!

MIK A GÉNKULCSOK?

A *Génkulcsok* néhány alapvető elemének megértése megkönynyíti a *Bölcsességőrzők kártyacsomag* használatát. A *Génkulcsok* egy olyan tudásanyag, amely segít átalakítani a legmélyebb önmagunkról alkotott elképzeléseinket, tágítja a tudatosságunkat, és segít kibontakoztatni a bennünk lévő kreatív géniuszt. 64 univerzális archetípus létezik, melyek a *Génkulcsok* szívét képezik. A 64 *Génkulcs* megfelel a Ji-King 64 hexagramjának, az emberi DNS 64 kodonjának, és a kártyacsomag 64 *Bölcsességőrzőjének*. Az összes

Bölcsességőrző egy sajátos történeten keresztül tükrözi vissza és közvetíti a benne rejlő különleges archetípus esszenciáját. Történeteik arra világítanak rá, hogy az egyes archetípusok hogyan jelennek meg az életünkben, és miként emelkednek felül kultúrán, etnikumon, fajon, valláson és korosztályon. A pszichológiát, szociológiát, miszticizmust ötvözve őseink tudásával, a *Bölcsességőrzőknek* megvan az erejük ahhoz, hogy egy mélyen átalakító és rejtélyes utazást katalizáljanak benned.

A TUDATOSSÁG SPEKTRUMA

A *Bölcsességőrzőkkel* való munka során észre fogod venni, hogy mindegyik Bölcsességőrző 3 alapvető fogalomhoz köthető. Ezek a fogalmak: az *árnyék, az ajándék és a szidhi*, ahogyan Richard Rudd Génkulcsok című könyvében is megtalálható. Richard Rudd megfogalmazása szerint ezek a fogalmak a tudat spektrumát fedik le és archetípusos állapotokra utalnak, melyek megegyeznek az emberi tapasztalás állomásaival. Ezek a *túlélés, szolgálat és az önátadás* szakaszai. Az *árnyék* kifejezés a pszichológiában gyökerezik, C.G.Jung által megalkotott fogalom, míg a *szidhi* egy szanszkrit eredetű szó, mely a buddhista és hindu misztikus hagyományokban is fellelhető.

ÁRNYÉK: Amikor aggódunk a túlélésünk miatt, és a félelem irányítása alatt állunk, az *árnyék* tartományában találjuk magunkat. *Árnyék*aink megnyilvánulhatnak *elfojtott*, vagy *reagáló* formában.

AJÁNDÉK: Amikor a védekezés és vádaskodás helyett mások szolgálata és önmagunk tisztelete uralja az életünket, akkor sokkal természetesebben osztjuk meg *ajándékainkat* másokkal, és érezzük magunkat egységben a világgal.

SZIDHI: Amikor a kiterjedés tiszta állapotát tapasztaljuk, és az elkülönültség érzését felszámolva, teljesen átadtuk magunkat az Egésznek, akkor érkezünk meg a *szidhi* birodalmába.

A három állomás mindegyike nélkülözhetetlen szerepet játszik az emberi fejlődésünk pszichológiai és spirituális szintjein. Nincs *ajándék árnyék* nélkül, nincs *árnyék szidhi* nélkül, és nincs *szidhi ajándék* nélkül. Ezek a létállapotok (vagy frekvenciák) együtt lélegeznek és táncolnak fejlődésünk során.

Ha megértjük az *ajándék, árnyék* és *szidhi* életünkben megjelenő szüntelen kölcsönhatását, az segíthet nekünk abban, hogy még több együttérzéssel és türelemmel forduljunk a *Bölcsességőrzők* - és önmagunk felé. Amint megnyílunk az emberi tudatosságunk teljes spektrumára, sokkal gyengédebbek leszünk önmagunkkal, és érzékelni kezdjük a nagyobb növekedési mintázatok kibontakozását. Fontos megértenünk, hogy még akkor is előfordulhat, hogy az *árnyék* és *ajándék* frekvenciák között ugrálunk, ha már évek óta spirituális úton járunk. Újra elakadva érezhetjük magunkat egy már ismerős helyzetben, és ez is teljesen természetes. A szomorúság, félelem és frusztráció időszakai egészen termékenyek lehetnek, amennyiben elengedjük a túlzott ítélkezést önmagunk fölött.

Idővel, ahogy egyre kevesebb ellenállással vagyunk képesek az *árnyék* birodalmaiban újabb látogatásokat tenni, azt vesszük észre, hogy a fojtogató érzés enyhül, és többé már nem határozza meg a viselkedésünket, a döntéseinket és a cselekedeteinket. Az érzések és gondolatok egészen valóságosnak tűnnek, de már nem ragadunk bele ezekbe az állapotokba, és nem irányítanak többé úgy, mint korábban. Amikor szeretetünk és a szolgálat iránti vágyunk nagyobb motiváló erővel bír, mint a félelmeink és a védekezésre, vagy támadásra irányuló késztetésünk, akkor kezdjük érzékelni fejlődésünket. A szolgálat iránti erőfeszítéseink során egyedi *ajándékaink* megtalálják a természetes kifejeződési módot, és egyre nyitottabbá válunk a szeretet, a megértés és az életerő tiszta állapotainak megtapasztalására.

Amikor a *Bölcsességőrző* történeteket olvasod, és a bennük megjelenő mögöttes tartalmakat a saját életedre vonatkozóan kontemplálod, arra kérlek, hogy tartsd a szívedben és az elmédben az *ajándék*, az *árnyék* és a *szidhi* frekvenciákat és ezek finom összjátékát. Észre fogod venni, hogy a kártyacsomagban a *Bölcsességőrző* történetek minden archetípus esetén elsősorban az *árnyék* és az *ajándék* megnyilvánulásaira fókuszálnak. A *szidhi* világa energetikailag jelenik meg a kártyákon keresztül, a tekintetekben, az arcokon található szimbólumokban és a kapcsolódásra hívás szentségében. Mindegyik *Bölcsességőrzőnek* megvan a képessége arra, hogy mélyen a szívedbe hatoljon, és megnyissa az utat számodra egy misztikus tapasztalás előtt. Mint ahogy az a *szidhi* állapotban mindig is történni szokott, semmit nem kell tenned, semmit nem tudsz előidézni. Csak maradj nyitott és add át magad.

AZ ÁRNYÉK

Ha valakit szembesíteni akarsz a saját árnyékával, akkor mutasd meg neki a saját fényét.
~ Carl Jung

Különös figyelmet fordítunk az *árnyékra*, hogy megértsük, miként hatja át az életünket, és mi a legjobb módja annak, hogy átalakítsuk. A *Génkulcsok* és a *Bölcsességőrzők* megtanítanak minket arra, hogy az *árnyék* kulcsfontosságú a személyes és kollektív átalakulásunk tekintetében. Gyermekkorban legtöbben azt tanuljuk meg, hogy akkor kapjuk meg a vágyott szeretetet, biztonságot és figyelmet, ha bizonyos módon viselkedünk és érzünk, és ha máskepp cselekszünk vagy érzünk, akkor rosszallással, elutasítással vagy fenyegetéssel találkozunk.

Mivel az érzelmi és fizikai fennmaradásunk a szüleinktől, vagy az elsődleges gondviselőinktől függ, nagyon gyorsan és ösztönösen megtanuljuk elutasítani az olyan részeinket, melyek bizonytalansággal, vagy a biztonság hiányával töltenek el. Ez általában nem egy tudatos folyamat. Ez azt jelenti, hogy legtöbben anélkül, hogy észrevennénk, néhány nagyon emberi és természetes késztetésünket, érzésünket és vágyunkat a sötétségbe - vagy a létezésünk árnyékos részébe taszítottuk.

Akár nehéz érzelmeket (pl. düh, szomorúság vagy önzés), akár látszólag pozitív érzelmeket (pl. játékosság, intuíció és érzékiség) száműztünk, energetikai tapasztalatokat fojtottunk el a tudatosságunk határa alá, ahol rejtett módon érvényesítik hatásukat. Az *árnyékok* kiszámíthatatlanok és trükkösek lehetnek, és általában megtalálják a módját annak, hogy kifejezésre jussanak. Gyakran romboló viselkedésünkön keresztül és más emberekkel folytatott interakciók során nyilvánulnak meg. Valójában éppen azok az emberek testesítik meg azokat a bizonyos impulzusokat, melyeket elnyomtunk magunkban, akik a leginkább feldühítenek minket.

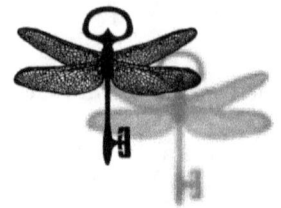

AZ ÁRNYÉK SZENT SZEREPE

Az árnyék olyan, mint egy szénrög, melyben egy gyönyörű gyémánt rejtőzhet.
~ Richard Rudd

Az *árnyékok* kiszámíthatatlanok és trükkösek lehetnek, de egyszerre szentek is, ha megtanuljuk magunkhoz ölelni őket. Végső soron a szenvedésünkhöz való hozzáállásunk az, ami meghatározza, hogy az *árnyékunk* szolgál-e minket és az emberiséget, vagy sem.

Néhány kontemplációt segítő kérdés, amikor fájdalmas, kényelmetlen és elfojtott érzésekkel találkozol:

Eltolod magadtól az érzést?
Ítélkezel az érzés fölött?
Áldozatnak érzed magad miatta?
Hibáztatsz másokat miatta?

Megengeded, hogy az érzés teljes valójában megjelenjen?

Meg tudod engedni nyitott szívvel, hogy teljesen átérezd ezt az érzést, hogy átjárjon téged?

Képes vagy megállni, lélegezni és bízni a folyamatban?

Nos, ez az én hívásom feléd...Minden alkalommal, amikor az *árnyék* terébe kerülsz, *szent földként* tartózkodj ott. Semmit ne akarj kezdeni vele. Csak hagyd, hogy legyen. Legyél teljes figyelmeddel jelen a tökéletes pillanatban, akármit is tapasztalj. Egy tökéletes fájdalom. Egy tökéletes zűrzavar. Egy tökéletes gyötrelem. Minél többször tudod ezt megtenni, annál többször fogod az *ajándék* szintjén találni magad. Amikor leginkább egyedül és a személyes fájdalmad által terheltnek érzed magad, tudatosítsd, hogy mélyen kapcsolódsz a világ fájdalmához. Csakúgy, mint a *Bölcsességőrzőket*, téged is arra terveztek, hogy az emberi tapasztalatok szőttesének egy darabját viseld. Amikor megérted, elfogadod és átalakítod az emberi szenvedés egy bizonyos aspektusát, akkor azt a világ érdekében teszed. Amikor meggyógyítod a saját fájdalmad, akkor segítesz gyógyítani az emberiség fájdalmát.

A Bölcsességőrzők kártyacsomag egy csodálatos kiegészítő tanulmány a Génkulcsok (és a Human Design) rajongói számára. Tekintettel arra, hogy a Génkulcsok egy óriási tudásanyagot ölel fel, és egy komoly intellektuális tartalommal bír, ez a kártyacsomag további lehetőséget biztosít arra, hogy megértsük a lényeget - egy olyan utat, mely közvetlen, bensőséges kapcsolódáson alapul, és szívünk megnyitását szolgálja.

Látni fogod, hogy minden *Bölcsességőrző* történetnél a *Génkulcsok* kulcsszavai dőlt betűvel vannak jelölve.

A kártyák színkódokkal is el vannak látva azok számára, akik a *Génkulcsok*ban megjelenő, Richard Rudd által leírt 21 kodongyűrűvel szándékoznak dolgozni.

(A színkódokról további információ az útmutató könyv végszó fejezetében található.)

HOGYAN FORDULJUNK A BÖLCSESSÉGŐRZŐKHÖZ?

A kártyacsomag használata a felfedezés játékos lehetőségeit és a szinkronicitás dimenzióit nyitja meg előtted. Miközben a *Bölcsességőrzők kártyacsomag* arcaival ismerkedsz, maradj nyitott és befogadó. Előfordulhat, hogy különös vonzódást érzel egy vagy több *Bölcsességőrző* iránt. Bízz abban, hogy ennek megvan a sajátos oka. Átalakító erő van ebben a kapcsolatban. Emlékezz arra, hogy lehetetlen hibázni, vagy rossz *Bölcsességőrző* kártyát húzni.

Amikor a kártyákkal dolgozol, bíztatlak arra, hogy a *Bölcsességőrzőidet* helyezd egy olyan különleges helyre, ahol gyakran megfordulsz. Tudd, hogy minden alkalommal, amikor ezekkel a személyekkel találkozol, valójában magaddal veszed fel a kapcsolatot. Egy archetípus esszenciájával és az életed mélyebb potenciáljával kapcsolódsz. A szemek csodát sugároznak. Bármikor megkevered a kártyacsomagot, vagy húzol egy kártyát, legyen egy szívből jövő kérdésed, vagy szándékod. Kérd a megfelelő *Bölcsességőrzőket*, hogy jöjjenek el hozzád, és hogy a *Bölcsességőrző* vagy a kártyák a legfőbb jót szolgálják számodra. Ajánlom, hogy a nem domináns kezeddel húzz kártyát - ezzel a belső gyermeked bölcsességét hívod életre, és elősegíted az elméd lecsendesítését.

Eldöntendő kérdések (igen/nem) helyett, nyitott kérdéseket tegyél fel. Kérdéseid legyenek gyakorlatiasak, és a jelen pillanatra vonatkozóak (ez a kártyacsomag nem jóslási célokra készült). Bátran vezess egy *Bölcsességőrző* naplót, melyben összegyűjtheted az időközben felmerülő gondolataidat, meglátásaidat, belső képeidet és kibontakozó álmaidat.

Amikor kiválasztasz egy *Bölcsességőrzőt*, valószínűleg azonnal szeretnél róla többet megtudni az útmutató könyvből, és inspirációhoz jutni a kérdések és javaslatok által. Az is lehet, hogy mielőtt megnéznéd az útmutatót, el szeretnél tölteni egy bizonyos időt a *Bölcsességőrzővel*, hogy bármilyen más hatástól függetlenül megérezd, milyen intuitív útmutatás érkezik hozzád. Bízz a saját megérzéseidben, hiszen te tudod igazán mire van szükséged.

**Használd a további kérdéseket,
melyek segítik a kontemplációdat:**

Mire inspirál téged az adott *Bölcsességőrző*?

Milyen fontos igazságra emlékeztet téged?

Melyik az az *ajándékod*, melyet az adott
Bölcsességőrző lát benned és bízik benne?

Melyik *árnyék* részedet értheti meg és ölelheti
át ez a személy?

Ha ennek a *Bölcsességőrzőnek* ma lenne egy
üzenete számodra, mi lenne az?

Mit osztanál meg ezzel a személlyel, ha személyesen
beszélgetnétek? Mit kérdeznél tőle? Mit gondolsz,
mit válaszolna?

És emlékezz...

Figyelj... lazíts... minden lehetséges módon.

Fizikailag, érzelmileg és mentálisan.

*Engedd meglágyulni a szíved. Engedd el a vágyat, hogy logikus
megértést találj, és adj időt az elmédnek a fejlődésre.*

MINDEN BÖLCSESSÉGŐRZŐNÉL MEGTALÁLHATÓ:

EGY SZÁM: Minden egyes *Bölcsességőrző* 64 archetípus egyikéhez társítható, mely archetípusos rendszer lehet a Ji King 64 hexagramja és néhány utódja, mint például a *Génkulcsok*.

HÁROM SZÓ (*ajándék, árnyék* és *szidhi*, ahogy azt korábban kifejtettem) **ÉS EGY PROGRAMOZÓ PARTNER**: Mint ahogy mindegyik *Génkulcsnak* van egy *programozó partnere*, az összes *Bölcsességőrzőnek* is van egy barátja, vagy lélektársa. Együtt egy paradoxont és egy teljességet alkotnak egyszerre. Arra buzdítalak, hogy intuitíven tárd fel ezeket a társkapcsolatokat és hagyd, hogy kifejtsék inspiráló hatásukat. Richard Rudd *Génkulcsok* című könyvében olvashatunk az *ajándékról, árnyékról, szidhiről* és a *programozó partnerekről* részletesen.

SZIMBÓLUMOK: Az összes arc egyetemes, mégis különleges szimbólumokkal telített, melyek azokat az egyedi ajándékokat tükrözik, amiket az adott *Bölcsességőrző* megtestesít.

EGY BÖLCS TÖRTÉNET: Mindegyik *Bölcsességőrző* egy archetípusos, de mélyen személyes történetet mesél el. Észre fogod venni, hogy az összes *Bölcsességőrzőnek* meg kellett tapasztalnia saját szenvedéstörténetét, és magához kellett ölelnie árnyékrészeit ahhoz, hogy eljusson oda, ahol ma tart.

EGY AJÁNDÉK SZÁMODRA: Mindegyik *Bölcsességőrző* a bölcsesség és útmutatás ajándékát adja neked. Az *ajándék* szívből jövő szavakon keresztül érkezik.

KÉRDÉSEK A KONTEMPLÁCIÓHOZ: A kontempláció az egyik leggyengédebb, mégis leghatékonyabb út, mely az életed mély átalakulását ösztönzi. Egyszerű, mégis megrendítő kérdések segítenek kapcsolatba lépni a *Bölcsességőrzőkkel* és történeteikkel, útmutatásaikat pedig a gyakorlati tanácsok segítségével integrálhatjuk saját életünkbe.

MEGSZÓLALNAK A BÖLCSESSÉGŐRZŐK...

A frissesség géniusza abban áll, hogy valami olyat hoz a világba, amilyet még senki nem látott.

Ajándék: Frissesség
Árnyék: Entrópia
Szidhi: Szépség
Programozó Partnere: 2

~Richard Rudd

BÖLCSESSÉGEM TÖRTÉNETE

Azt mondják, széles mosollyal születtem e világra. Felnőtt koromban azonban hirtelen, minden előjel nélkül depressziós és szomorú lettem, ami megrémisztett. Meg akartam szabadulni ettől a negatív érzéstől, vagy valahogyan el akartam tűntetni. Elutasítottam, elítéltem, próbáltam feloldani, majd átírni az érzéseimet. Kerestem az előjeleket, és magyarázatokat akartam találni az állapotomra. Irányítani viszont még mindig nem tudtam.

A szomorúság kopogtatás nélkül érkezett, amikor csak akart. Egy ideig azzal sikerült távol tartani a fájdalmat magamtól, hogy folyton barátságos voltam és betábláztam magam. Szünet nélkül emberekkel vettem körbe magam, és a naptáram tele volt programokkal. Végül az állandó elfoglaltságtól teljesen kiégtem. Napokon, heteken, hónapokon át ki sem tudtam kelni az ágyból. Zsibbadtnak éreztem magam, mintha az életem romokban heverne, és az entrópia vette volna át az irányítást. Meg voltam győződve arról, hogy valami szörnyű dolog történik velem, amiért ilyen érzéseim vannak. Biztos voltam abban, hogy szomorúságom akadályoz az általam elképzelt és vágyott élet megteremtésében.

Egy nap, a kétségbeesettségtől kimerülten, feladtam a melankóliával szemben folytatott harcot és ítélkezést. Ettől aztán különös dolog történt. Mint a világ legtermészetesebb mozzanata, a maga tökéletes idejében, a melankólia elszállt, akár az égen tovaúszó felhő. Ekkor nagy meglepetésemre, a kreativitás tüze úgy kezdett ébredezni bennem, mint a felkelő nap sugara.

Jelenleg rengeteg időt szánok arra, hogy csak létezem. Nehéz pillanataimat az élet természetes részének tekintem. Befogadom őket anélkül, hogy túlzott elemzésbe bocsátkoznék. Minél kevésbé erőltetem, annál több öröm és életerő tör fel belőlem, és természetes vágyat érzek arra, hogy ezt az örömet kreatív formába öntsem. Most már bízom abban, hogy egészséges dolog számomra *frissességet* és lelkesedést árasztani magamból, amikor örömet élek át, és élvezhetem a visszavonulást és a szomorúságot is, amikor a kreativitás moraja befelé húz. Így érem el a legjobb eredményeket.

AJÁNDÉKOM SZÁMODRA

Amikor rád nézek és azt látom, hogy szomorú vagy, tudom, hogy semmi sem eredendően rossz. Bölcs tested fel fog töltődni, és valami mély és kreatív készül a felszínre törni belőled. Kérlek ne aggódj amiatt, hogy most még fogalmad sincs arról, mi az, ami születőben van. Bízz az érzéseidben, engedj szabad utat nekik, és adj egy kis énidőt magadnak. Rövid időn belül megújultnak érzed majd magad, és készen leszel arra, hogy *frissen* és új látásmóddal lépj ki a világba. Minél inkább megtanulod tárt karokkal átölelni a szomorúságod, annál több energiát tudsz mások felé áramoltatni. Érezni fogják a lelkedből áradó fény és tűz erejét. Emlékezz, hogy az életerő és a csoda, amit bennem látsz, benned is ott él. Az örömöd ellenállóbb és nagyobb hatással van másokra, mint ahogy azt valaha el tudtad képzelni. És a megfelelő időben bontakozik ki. Ezért fogadd el azt, ahol tartasz és bízz benne, hogy a ragyogó fényed mindig éppen akkor világít, amikor a leginsiprálóbb hatással lehet másokra.

KONTEMPLÁCIÓT SEGÍTŐ KÉRDÉSEK

- Gyakran kapod magad azon, hogy ítélkezel, túlelemzel valamit, vagy szeretnél bizonyos érzelmektől megszabadulni? Milyen hatással van ez a testedre?

- Melyek azok az érzelmeid, melyektől leginkább szeretnél megszabadulni, mert túlságosan nehéznek érzed őket?

- Találd meg a módját ma annak, hogy teljesen utat engedj ezeknek az érzelmeknek, és fejezd is ki őket. Írd le őket a naplódba, beszélj róluk valakivel, akiben megbízol, hallgass olyan zenét, vagy nézz meg egy olyan filmet, amely tükrözi az érzéseid, csinálj egy egyszerű érzelmi kollázst. Adj teret minden érzésednek és figyeld meg mi történik.

- Mi az az egyszerű cselekedet, amivel több szépséget tudnál megélni a mai napon?

*Minél inkább átadjuk magunkat
a világgal való Egység
minőségének, annál több egyetemes
energia áramlik át rajtunk.*

Ajándék: Iránytartás
Árnyék: Kizökkenés
Szidhi: Egység
Programozó Partnere: 1

~Richard Rudd

BÖLCSESSÉGEM TÖRTÉNETE

Gyerekként a fák voltak a barátaim, és az állatok a családom. A népem számára minden, ami körülvett minket, kapcsolódott egymással, és lüktetett benne az élet. Egy napon azonban családommal egy mesterségesen megalkotott közegbe költöztünk, az egyenes utcák és kockaházak világába. Másnak éreztem magam, gyökereimtől elszakítottnak és kizökkentnek. Minden lépésem rossznak bizonyult.

Eltávolodtam a gyökereimtől, és elkezdtem barátokat, pénzt és tudást felhalmozni. Még a nyugati vallásokban is elmerültem, mígnem a modern tudományt választottam Istenemnek. Az életem strukturált, rendezett és egységes lett. A felszínen nevettem a szüleim kaotikus, irracionális életmódján, de legbelül tehetetlennek, elveszettnek éreztem magam, tele önbizalomhiánnyal. Éjszakánként visszatérő rémálmok gyötörtek arról, hogy az emberiség elpusztítja önmagát. Egy idő után annyira elveszettnek éreztem magam, hogy azt fontolgattam, véget vetek az életemnek. Ekkor veszítettem el a nagymamám. A következő éjszakán megjelent álmomban és ezt mondta: "Minden alkalommal, amikor megtagadod a gyökereidet kedves fiam, nem csak engem és a családodat utasítod el, hanem egyúttal az egész világegyetemet is." Az az álom nagyon erős hatást gyakorolt rám. A következő napon azon kaptam magam, hogy az Ausztráliába vezető utamat szervezem. Ez volt az első alkalom, hogy látogatást terveztem, mióta a családommal elköltöztünk.

Abban a pillanatban, amikor felszálltam a repülőre, régi érzések árasztottak el. Mintha a föld az ereimbe hatolt volna, és a testem emlékezni kezdett a bizalom, az önátadás és elengedés érzésére. Ironikus módon abban a pillanatban jöttem rá, hogy semmit sem kell tennem, sehova nem kell mennem, hogy véget vessek az életemet uraló elveszettség és üresség érzésének. Az elnyomott vágyaim tudatosítása elég volt ahhoz, hogy újra megtaláljam az irányt, és a kreativitás váratlan hullámával megújuljak.

Ma már egész testemmel tudom, bárhol is vagyok, tartozom valahová és van valamilyen csodálatosan egyedi értékem, amit megoszthatok a világgal. Még a forgalmas városban is tudok kapcsolódni a fákhoz és minden, ami körülvesz, egy gyönyörű szimfóniának a része, melyben én egy egyedülálló és nélkülözhetetlen hangszeren játszom.

AJÁNDÉKOM SZÁMODRA

Az iránytartás ajándékát hoztam el neked. Amikor a szemembe nézel, engedd meg, hogy emlékeztesselek a legmélyebb igazságra - hogy mi mind EGYek vagyunk. Lehet, hogy különbözően nézünk ki, de mélyen ugyanazok vagyunk. Foglalkozz kevesebbet azzal, hogy mások mit gondolnak rólad és többet azzal, hogy miként veszed ki természetes részed az egészből. Add át magad a tekintetemnek, miközben megnyitod magadban a szinkronicitás ösvényét. Ne gondolkozz túl sokat. Engedd, hogy megnyugtasson a bennem rejlő bizonyosság, mely szerint mindannyian egy egységben kapcsolódunk és minden a megfelelő időben történik. Soha nem létezhetsz az élettől elkülönülten. Ez egyszerűen lehetetlen.

KONTEMPLÁCIÓT SEGÍTŐ KÉRDÉSEK

- Elveszettnek, magányosnak vagy a természettől elkülönültnek érzed magad?

- Folyton próbálod kontrollálni, meghatározni vagy egységbe terelni az életed?

- Mikor érezted utoljára mélyen az Egységet - áramlásban, összhangban az élettel? Hol voltál ekkor? Kivel voltál?

- Találd meg az egyszerű módját annak, hogy ezzel az érzéssel újra összekapcsolódj. Tölts időt a természetben. Dalolj, táncolj vagy nevess másokkal. Keresd fel a kedvenc helyedet, és teljesen add át magad az élménynek.

*Bárkik, bármik és
bárhol vagyunk, ha nem
vagyunk képesek folyamatosan
meghaladni önmagunkat,
akkor meghalunk.*

Ajándék: Innováció
Árnyék: Káosz
Szidhi: Ártatlanság
Programozó Partnere: 50

~ Richard Rudd

BÖLCSESSÉGEM TÖRTÉNETE

Szeretek játszani, mint minden gyermek. Időnként - a körülöttem lévő felnőttek számára - úgy tűnik, hogy csak káoszt és rendetlenséget teremtek. Ez azért dühíti őket, mert ritkán vagyok tudatában annak, hogy játék közben mi fog történni vagy mi lesz a játék kimenetele. De engem ez nem érdekel. Én csak ki akarom fejezni önmagam, és kalandra vágyom. Szeretem az érzést, mikor hatással vagyok a környezetemre és ezáltal változást érek el. Ahogy mindez visszahat rám és engem is megváltoztat. És mivel ugyanolyan nyílt szívű vagyok, mint amennyire nyitott a gondolkodásom, olyan emberekkel szeretek játszani, akik legalább annyira szeretik a rejtelmeket, mint én, és bármikor készen állnak bajba kerülni, hogy aztán együtt találjuk meg a kiutat.

Időnként, amikor a barátaimmal vagy a képzeletemmel játszom, egy szörnyszerű, ijesztő lény bukkan fel. Először sosem tudjuk, mit tegyünk. Aztán összedugva a fejünket és szívünket egy fantasztikus ötlettel állunk elő arra vonatkozóan, hogy hogyan mentsük meg magunkat és a világot, oly módon egyesítve minden létező dolgot, embert és élőlényt, ahogy azt elképzelni sem lehet. Olyan is előfordul, hogy visítozunk, feltesszük a kezünket a levegőbe és együtt táncolunk a szörnnyel. Bármelyik utat választjuk, a félelmeinken előbb-utóbb nevetni tudunk. Ritkán foglalkozunk olyan kérdésekkel, hogy a szörny valódi vagy sem, vagy hogy a lézersugárral és a vattacukorral képesek vagyunk-e a szörny legyőzésére. Amikor játszunk, nem törődünk ilyenekkel. Semmilyen televízió, szülő vagy tanár nem tudna minket meggyőzni arról, hogy mi az, ami valóságos, lehetséges, indokolt vagy praktikus. Vagy hogy valami összeillik-e vagy sem. Az egyetlen, ami számít, hogy megmentjük a világot, valami csodálatosat élünk meg együtt, és közben jól érezzük magunkat.

AJÁNDÉKOM SZÁMODRA

Ne tévesszen meg a látszat. Fiatal vagyok, de bölcs. Akkor találkozol velem, amikor eljött az ideje, hogy életed új kezdeteit teljes, kalandszerető és ártatlan szívvel engedd magadhoz és felfedezd magadban azt az átalakító erőt, amellyel a világban zajló változáshoz az eddiginél is hatásosabban járulhatsz hozzá.

A változás, a szintézis és az innováció küldötte vagyok. Amikor a szemedbe nézek, látom, hogy az életbe vetett bizalmad még mindig nem teljes. Hadd mondjak neked egy titkot. Mindannyiunk élete a változásra épül. Csakúgy, mint az arcomon nyíló virágok, benned is a virágzás és hervadás, majd újra virágzás folyamatos körforgása lüktet. Ezért változások alkalmával nem szükséges kontrollálni vagy elkerülni a káoszt. Ha mégis megtennéd, akkor a világegyetemmel szemben próbálnád megvédeni magad, vagy a saját örökké megújuló természetedtől. Akármilyen ötleteid, dogmáid vagy elképzeléseid vannak, engedd el őket. Legalább csak egy pillanatra. Mondj IGENT mindenre, ami történik, ízesítsd meg a közös főzetet egy szokatlan fűszerrel, és akármerre vezessen, élvezd a csodálatos utazást.

KONTEMPLÁCIÓT SEGÍTŐ KÉRDÉSEK

- Gyakran érzed az életedet rendezetlennek és kaotikusnak, vagy hajlamos vagy kontrollálni az eseményeket?
- Hogyan reagálsz (testileg-lelkileg) a káoszra?
- Félsz a külső-belső változástól?
- Mi történne másképp, ha megbarátkoznál az ismeretlennel ahelyett, hogy elutasítanád?
- Idézz fel és kapcsolódj össze egy olyan időszakkal az életedből, amikor ártatlannak és gyermekinek érezted magad.
- Milyen új kalandok várnak rád?
- Az életed mely területe vár innovációra?

A valódi megértés az elme területén kívül található.

Ajándék: Megértés
Árnyék: Intolerancia
Szidhi: Megbocsátás
Programozó Partnere: 49

~ Richard Rudd

4

BÖLCSESSÉGEM TÖRTÉNETE

Éleseszűnek születtem, ami egyszerre áldás és átok az életemben. Lehet, hogy most nem látszik rajtam, de fiatalkoromban rengeteg energiát fordítottam arra, hogy mindent megértsek. Folyton magyarázatokat kerestem az érzelmeimre, és meg akartam érteni, hogy miért kellene bíznom bennük, és az érzelmeimre hagyatkoznom, amikor a félelmek, a düh és az előítéletek mozgatták őket. Az elmém folyton rágódott valamin, magyarázkodott, bizonygatott és piszkálódott.

Egyre intoleránsabbá váltam azokkal az emberekkel szemben, akiknek a megértése egyszerűbbnek bizonyult, vagy akiknek a világnézete különbözött az enyémtől. Időnként az elmémben felsorakozó érvek és ellenérvek listája annyira megterhelt, hogy fizikailag teljesen kimerültem. A látszólagos apátiám mögött akkoriban egy mély bizonytalanság érzés húzódott meg. Az igazság az, hogy rettenetesen nyugtalanná váltam, amikor a kérdéseimre nem találtam logikus magyarázatokat. Akkoriban a gondolkodás uralta az életemet. Még mindig elhittem, hogy az elmém képes beteljesíteni a vágyaimat, enyhíteni a félelmeimet, és megteremteni a békét és biztonságot, ami iránt olyan nagyon sóvárogtam.

Csak akkor voltam képes elengedni a saját nézőpontom védelmezését, amikor teljesen magamhoz tudtam ölelni az élet bizonytalanságát. Ekkor ismertem fel, hogy az igazi megértésnek semmi köze az intellektuális tudáshoz, sokkal inkább jelenti azt a folyamatot, melynek során a megértés az egész testünket áthatja, és megnyitja a szívünket.

Manapság már semmilyen helyzetre nem tekintek egyoldalúan, és nem pazarlom az értékes energiámat arra, hogy megvédjem a nézőpontomat. Szeretem minden szemszögből megvizsgálni a helyzeteket. Élvezettel használom az elmém zsenialitását arra, hogy segítsek másoknak eljutni a berögzült gondolkodási mintáik és intoleráns viselkedésük határain túlra, és ösztönzöm őket arra, hogy szélesítsék a látószögüket. Végeredményben az elme igazi küldetése az, hogy a szívet elvezesse a megbocsátáshoz.

AJÁNDÉKOM SZÁMODRA

Szeretettel és türelemmel veszlek körül, amikor azt látom, hogy küzdesz az életeddel, a véleményed megformálásával vagy azzal, hogy megvédd a saját érzéseidet. Arra kérlek, használd a csodálatos elméd arra, amiben ő a legjobb. Hagyd játszani, felfedezni, kommunikálni és hagyd, hogy szolgálja a világot. Engedd, hogy felépítse az együttérzés hídjait és segítsen az embereknek abban, hogy megszabaduljanak az előítéletektől és az intoleranciától, hogy mindannyian egy magasabb szemszögből láthassuk és ünnepelhessük a világot. Tudom és bízom benne, hogy a szorgalmas elméd egyszer kimeríti önmagát, melynek következtében újjászületsz, és az igazi megértés érzése elárasztja a köldököd területét és kiárad a szívedből. Először kérlek bocsáss meg magadnak. Hamarosan kétségtelen lesz számodra, hogy sokkal értékesebb és csodálatosabb vagy annál, mint ahogy azt az elfoglalt elméd valaha meg tudná érteni.

KONTEMPLÁCIÓT SEGÍTŐ KÉRDÉSEK

- Hajlamos vagy túl sokat gondolkodni, aggodalmaskodni vagy lebénulni a döntésképtelenségtől?

- Vannak bizonyos dolgok, szituációk és emberek az életedben, akikkel vagy amikkel kapcsolatban úgy érzed, addig nem tudsz ellazulni, míg meg nem érted őket?

- Milyen szituációkban vagy intoleráns másokkal? Meg tudsz bocsátani magadnak (és másoknak), amiért bezárod a szíved?

- Gondolj életed olyan időszakára, amikor igazi megértést vagy megbocsátást tapasztaltál.

- Miből érzed, hogy a szíveddel gondolkodsz? Gondolkozz el ezen és fejtsd ki ezeket a kérdéseket a naplódban.

A türelem lényege a bizalom. Ha bízunk az életben, annak minden pillanatában - beleértve a nehéz pillanatokat is - ezáltal mindig benne maradunk az áramlásban.

Ajándék: Türelem
Árnyék: Türelmetlenség
Szidhi: Időtlenség
Programozó Partnere: 35

~ Richard Rudd

5

BÖLCSESSÉGEM TÖRTÉNETE

Fiatalemberként mindig rohanásban voltam. Légzésem felszínes volt, az idegeim pattanásig feszültek. Bármilyennek is tűntek a dolgok kívülről, belül mindig azt éreztem, hogy valami nincs rendben. Egy kis boltot vezettem, de valami nagyobbról álmodoztam. Azt gondoltam, hogy a dolgok csak akkor működnek, ha én veszem kézbe őket. A sorsom rajtam állt. Az idő csak fogyott, én pedig kudarcot vallottam. Volt olyan időszak, amikor az üzletem gyarapodásával kapcsolatos elszántságom és türelmetlenségem nagyon törtetővé tett. Olyannyira, hogy közvetlen munkatársaim elhagytak, a beszállítóim visszamondták az együttműködést és a vásárlók is elkerültek. Elkeseredett és borúlátó lettem, és azt gondoltam, hogy akármilyen keményen próbálkozom, nekem semmi sem sikerül.

Egy este, amint egyedül üldögéltem és azon törtem a fejem, hogy mindent feladok, egy kedves idős ember kopogtatott az ajtómon. Egyik kezében a Változások Könyvét tartotta, a másikban pedig egy pici, gyönyörűen csillogó zöld fát. Beengedtem, majd leültünk és órákon át beszélgettünk. Aztán teljesen elvesztettem a fonalat. A következő emlékem az, hogy beleegyezem abba, hogy tanítványa legyek és megtanuljam a kínai Ji King és Penjing (Kínai Bonsai) szakrális művészetét.

Mindez évekkel ezelőtt történt. Már csak nevetni tudok azon, hogy mennyi türelemre volt szükségem ahhoz, hogy megtanuljak türelmesnek lenni. A mesteremnek számtalanszor figyelmeztetnie kellett a lassításra, hogy mélyen lélegezzek és az életem minden mozzanatát fogadjam el úgy, ahogy történt. Nem volt szükség manipulációra, győzelemre vagy összeomlásra. Megtanított a természet tiszteletére, együtt áramlani az évszakokkal és megérteni, hogy hasonlóan tökéletes és rendezett ritmus él és mozog az én lelkemben is, mint ami a természetet működteti. A jin mindig a jang felé, míg a jang a jin felé törekszik. A türelem megtérült.

A tanárom és a fák megtanítottak arra, hogy bízzak az életben, és becsüljek meg minden pillanatot, még a legnehezebbeket és legfájdalmasabbakat is. Jelenleg az életemet egyszerűen élem és élvezem az időtlenség legelragadóbb állapotait.

AJÁNDÉKOM SZÁMODRA

Itt az ideje, hogy ellazítsd a vállaid és lélegezz nyugodtan. Csendesedj el. Hallgasd a szíved dobogását. Most semmit sem kell tenned. Az életnek megvan a saját intelligenciája. Az időzítése kifogástalan és mindig tudja, hogy mi a legjobb számodra. És te barátom, aktív részese vagy az életnek. Örök összeköttetésben a körülötted élő emberekkel és a világgal. Azért jöttem, hogy emlékeztesselek, semmi sem történik véletlenül, vagy valamilyen rejtett ajándék lehetősége nélkül. Egy lekésett vonat váratlan találkozáshoz vezethet. Egy személyes krízis magában hordozza a gyógyulás lehetőségét. Az egyéni fájdalom kollektív átalakulást szabadíthat fel. És minden a megfelelő időben történik. Vegyél még egy mély lélegzetet, ne akadályozd tovább magad és barátkozz meg a türelemmel. A lelked hálás lesz érte.

KONTEMPLÁCIÓT SEGÍTŐ KÉRDÉSEK

- Életed mely területén és kivel szemben érzed magad a *legtürelmetlenebbnek*?

- Ha bízol az élet tökéletes időzítésében és abban, hogy semmi sem történik véletlenül, hogyan tudod a gondolataidat, érzelmeidet, magatartásodat és kapcsolataidat megváltoztatni? Mit kellene másképp tenned, vagy nem tenned?

- Emlékezz vissza az utolsó alkalomra, amikor *időtlenségben léteztél*. Hol történt ez?

- Keress lehetőséget arra, hogy megéld a létezés egyszerűségét, ma lassíts egy kicsit, és aggodalmaskodj kevesebbet. Ha egy kellemetlen érzést tapasztalsz, mondd magadnak: Átölelem ezt az érzést az egész emberiség érdekében.

*Az érzelmi érettség azt jelenti,
hogy tudatosságunk
a legintenzívebb érzelmi
állapotokban is működik.*

Árnyék: Konfliktus
Ajándék: Diplomácia
Szidhi: Béke
Programozó Partnere: 36

~ Richard Rudd

BÖLCSESSÉGEM TÖRTÉNETE

Tragédia és erőszak övezte a környéket, ahol felnőttem. A népemet generációkon keresztül traumatizálták, megfélemlítették és mindenhol konfliktus uralkodott - Nyugat és Kelet, modern és ősi, gazdag és szegény, férfi és nő között.

Fiatal lányként kevés hatalmam volt. Nem tudtam fellépni sem a környezetemben észlelt igazságtalanságok ellen, sem az otthoni bántalmazások ellen. Az állandó támadásoktól való rettegés miatt a szervezetem folyamatos készenlétben állt. Másokkal túlságosan figyelmes voltam, mint egy békéltető. Azonnal próbáltam elsimítani a konfliktus minden apró jelét. Belül viszont feszültséget és bizonytalanságot éreztem. Minden más néptől és embertől tartottam, aki nem az enyémhez tartozott. A szívemet falak közé zártam.

Egy alkalommal elvesztettem a kontrollt az érzéseim felett. Kifakadtam az apámra erőszakossága miatt és az anyámra, amiért áldozatként viselkedett. Egész nemzeteket szidtam, amiért a népünknek kárt okoztak, és a nemzetemet azért, mert mindezt hagyta. Tapintatlan szavaim késként hasítottak. Aztán elhatalmasodott rajtam a bűntudat és a félelem, ezért a következő heteket azzal töltöttem, hogy büntettem saját magam és mások kedvében jártam. Ez a folytonos kedveskedés és a könyörtelen önhibáztatás azonban csak tovább nehezítette a helyzetet.

Minden megváltozott azt követően, hogy a nagynéném elhívott egy helyi Béke csoportba. Soha nem találkoztam azelőtt annyi nyíltszívű, őszinte és tiszteletteljes férfival és nővel, akik egymást meghallgatták, támogatták és inspirálták. Nem támadtak és nem védekeztek. Életemben először megtapasztaltam azt a békét és szeretetet, amire egész életemben vágytam. A nagynéném ölelésének biztonságában el tudtam engedni a védekezést.

Végre szembe tudtam nézni a fájdalommal, erőtlenséggel és magánnyal, melyeket addig elrejtettem önmagam és a külvilág elől. Ezt követően évekig én voltam az egyesület elnöke. Jelenleg azt tapasztalom, bárhová megyek, a béke egyszerűen megteremtődik körülöttem.

AJÁNDÁKOM SZÁMODRA

Azért jöttem, hogy megkérjelek, dobd le a védekezés eszközeit magadról. Engedd el magad. Fejezd be a harcot önmagad emberi része ellen és lásd, érezd és fogadd el saját belső démonjaidat. Létezik olyan módszer az intim kapcsolatokban és a világban megjelenő érzelmi hullámok lecsendesítésére, ami nem követeli meg tőled, hogy elnyomd vagy elkerüld az igazságot. Van rá mód, hogy megbirkózz a békéhez vezető látszólag áthidalhatatlan akadályokkal, és arra is, hogy pontosan tudd, mikor kell cselekedni. Mikor van ideje annak, hogy beszélj, és a szavaid a szívedből szóljanak, mégis erőteljesek legyenek. A béke és diplomácia igaz útja megköveteli, hogy félelmek nélkül szembenézz és magadhoz öleld a saját gyengeségeidet. Engedd el a védekezést a saját legmélyebb érzelmeiddel szemben, és meglátod, hogy az időzítésed, a kommunikációd és a kapcsolataid fejlődésnek indulnak. Mások nyilvánvalóan bízni fognak benned, és te érezni fogod, hogy mikor mire van szükség. Beleértve az érzelmileg erősen instabil helyzeteket is. A puszta jelenléted olyan erővel bír majd, amely képes egy konfliktusos hely vagy kapcsolat energiáját is békével megtölteni.

KONTEMPLÁCIÓT SEGÍTŐ KÉRDÉSEK

- Hajlamos vagy a békéltetésre, illetve a konfliktusok túlreagálására és súlyosbítására azért, hogy elkerüld a kellemetlen érzéseket?
- Van olyan konfliktus jelenleg az életedben, vagy olyan hely, ahol védekezőnek érzed magad?
- Mi lenne a legrosszabb, ami történhetne, ha abbahagynád a másoknak való megfelelést?
- Hogyan tudnál több felelősséget vállalni a saját érzéseidért és kifejezésre juttatni őket egy kevésbé indulatos és sokkal nyitottabb, szeretetteljesebb módon?
- Életed mely területén lenne szükség a diplomáciára?
- Milyen egyszerű módon tudnád a békét megélni a mai napon?

*A valódi vezető igazán jól
tud meghallgatni másokat.*

Ajándék: Vezetés
Árnyék: Megosztottság
Szidhi: Erény
Programozó Partnere: 13

~ Richard Rudd

BÖLCSESSÉGEM TÖRTÉNETE

Amikor kicsi voltam, tiszteletet és bizalmat éreztem a közösségünkben élő szeretetteljes, idős emberek iránt. Felnőve egyre több külső elnyomást tapasztalt a népem és új vezetők jelentek meg, akik abban hittek, hogy eljött a bosszúállás ideje.

Először elrejtőztem. Rábíztam magam az idősebbekre, akik fenntartották az ősök békés útját. Miután közösségünket újabb és újabb támadások érték, hatalmamat inkább azoknak adtam át, akik a támadásban hittek. Végignéztem, ahogy a népem egyre inkább azonosult az ellenség viselkedésével, miközben a faluban a széthúzás egyre nagyobb méreteket öltött. Belefáradtam abba, hogy diktátor típusú embereknek adjam át az erőm, akik soha nem törődtek az én érzéseimmel vagy elképzeléseimmel. Belefáradtam abba, hogy arra várjak, mások majd jól csinálják.

Ezért vezetőnek léptem elő, és mindenhol harcoltam a népemért és az igazságért. Az évek során sok követőt szereztem. Miközben mindig biztos voltam abban, hogy az igazság oldalán állok, egy olyan mély harag által táplált ambíció növekedett bennem, amit akkor még nem voltam képes uralni. Egyszer leszidtam egy fiatal hölgyet, amiért nem figyelt rám és nem követte a tanácsomat. A könnyei rámutattak arra, hogy elvesztettem a helyes irányt. Attól a naptól kezdve abbahagytam a vezetést, és elkezdtem meghallgatni másokat. Rájöttem, hogy a közösség minden tagja bölcs ember volt, és alkalmas arra, hogy jelentősen hozzájáruljon a népünk életéhez. Ma már nem az elnyomástól való félelem vagy a külső elismerés iránti vágy irányít. Nincs szükségem arra, hogy mindenki megértse a vezetési stílusom, vagy hogy mit miért teszek. Ami most vezérel engem, az a szolgálat iránti mély szeretet és az abban való hit, hogy egészséges közösséget csak szabad, egészséges és önálló emberek alkothatnak.

Amikor csoportokat vezetek, próbálok minél kevesebbet beavatkozni, és mindig azt tapasztalom, hogy minden ember bölcsessége és ajándéka a maga természetes útján megmutatkozik. Minél kevésbé erőltetem rá a saját elképzeléseimet a csoportra, annál mélyebb beszélgetések alakulnak ki, annál nagyobb átalakulások történnek, és a jövőkép beépítése is annál finomabb folyamatot képez. Hiszek abban, hogy a jövőben egyre több hozzám hasonló vezető lesz. Még ezekben a zavaros időkben is képes vagyok bízni az emberiségben.

AJÁNDÉKOM SZÁMODRA

Azért jöttem, hogy megosszam veled, az igazi vezetés nem arról szól, hogy másokra erőltetjük az elképzeléseinket, vagy beleavatkozunk az életükbe. Inkább a szeretettel, háttérből való ösztönzést jelenti. Ne az elnyomástól való félelem vagy a hatalom iránti vágy, hanem a szolgálat iránti mély szeretet vezéreljen. Azért vagyok itt, hogy igazi *útmutatást* kínáljak neked. Felismerem a benned élő bölcs és szabad vezetőt, és segítek neked megbízni a saját utadban. Meghallgatlak.

KONTEMPLÁCIÓT SEGÍTŐ KÉRDÉSEK

- Hol és kinek adod át az erődet? Életed mely területén rejtőzködsz még mindig?
- Kinek vetted át az erejét? Itt az ideje, hogy visszaadd neki?
- Vannak az életednek olyan területei, ahol a saját elképzeléseidet erőlteted? Hajlandó vagy mélyebben meghallgatni mások igényeit?
- Hogyan szolgálnád legszívesebben a világot?
- Hol van a legnagyobb szükség a szeretetteljes *útmutatásodra*?
- Gondolj valakire az életedben, akit könyörületes, együttérző és *erényes vezetőként* ismersz. Milyen tulajdonságokat szerettél ebben a személyben leginkább? Válassz egyet, amelyet ma szándékosan beépítesz a viselkedésedbe, a cselekedeteidbe és abba, ahogy másokat meghallgatsz.

*A Stílus nem csak a
felszínen jelenik meg.
Maga a teremtés élvonala.*

Ajándék: Stílus
Árnyék: Középszerűség
Szidhi: Különlegesség
Programozó Partnere: 14

~ Richard Rudd

8

BÖLCSESSÉGEM TÖRTÉNETE

Kislányként mindig, mindenhol énekeltem. Csordulásig teltem zenével. Édesanyám egyedül nevelt. Mivel süket volt, nem hallotta az énekhangom, de látta mások meglepett és zavart tekintetét, amikor együtt léptünk ki az utcára. Nagyon sokat tett azért, hogy beilleszkedjen, így zavarta az éneklésem, és aggódott értem. Ezért mikor emberek közé mentünk, elhallgattatott, és egy olyan iskolába küldött, ahol tilos volt énekelni. Ösztönösen megértettem, hogy óvni próbált engem. Szerettem őt. Ezért megtanultam, hogyan kell elvegyülni, és hallgatni. Olyanná váltam, mint bárki más - egy rokonszenves diák, egy veszélytelen osztálytárs, szófogadó lány és a középszerűség mintaképe. Minden szabályt betartottam. A tanáraim szerettek és édesanyám büszke volt rám.

Fiatal nőként mindenem meg volt, amiről mások azt gondolták, hogy fontos lehet. Egy tiszteletreméltó és tekintélyes hely a világban. Ápolt körmök. A legutolsó divat. Tisztességes munka. De ez mind mesterkélt volt. Amikor egy újabb házasságom is tönkrement, nem tudtam tovább tagadni az igazságot. Boldogtalan voltam. Megrekedtnek és egy fadarabnak éreztem magam. A felszínen ragyogónak tűnt az életem, de a valóságban lapos volt. Semmi sem ragyogott igazán.

Egy napon egy park mellett sétáltam, amely tele volt olyan emberekkel, akiket korábban úgy kerültem, mint a pestist. Olyan felszabadultan doboltak és táncoltak egy körben, hogy úgy tűnt, egyáltalán nem zavarja őket, ha figyelik őket. Valaki megragadta a kezem és egyszer csak a kör közepén találtam magam. A következő, amire emlékszem, hogy a szemeim csukva vannak, a testem hullámzik és a hangom csilingelni kezd. Újra élőnek éreztem magam. Annyira boldog és rémült voltam, hogy a tapsot meg sem hallottam.

Mindez évekkel ezelőtt történt. Hosszú időbe telt, amíg képes voltam elengedni a sikertől és a kudarctól való félelmeimet és integrálni tudtam azt a bátorságot, amit ott és akkor éreztem. Manapság már bárhol, bármikor dalra fakadok, ha a lázadó lelkem arra késztet, és ugyanolyan szabadon gondolkodom, mint amennyire szabadon énekelek.

AJÁNDÉKOM SZÁMODRA

Az a megérzésem, hogy van benned egy hang, amely hallatni szeretné magát. Arra szeretnélek bíztatni, hogy engedd el a beilleszkedéssel kapcsolatos aggodalmaid. Merj egyedi lenni. Ne a trendeket kövesd. Légy lázadó. Öleld át a saját *stílusod* és hagyd, hogy a felszínen is megmutatkozzon. Amikor látom, hogy olyat teszel, ami mások szemében őrültség, vagy "túl sok" lenne, tudom, hogy teljesen épeszű vagy. Talán lesznek emberek, akik nem maradnak majd melletted. Megértem, hogy ez mennyire fájdalmas tud lenni. Azt is megígérem viszont, hogy lesznek mások, akiket inspirál majd a stílusod és megérinti őket az eredetiséged. Kérlek, barátkozz meg azzal, hogy csodabogár vagy. Bízz abban, hogy a világ a maga idejében összhangba kerül majd veled. Bármi legyen a szenvedélyed, adj neki szabad utat. Engedd szárnyalni. És ne számíts kevesebbre, mint a *különlegességre*.

KONTEMPLÁCIÓT SEGÍTŐ KÉRDÉSEK

- Milyen helyzetekben tanultál meg elvegyülni, olyannak lenni, mint mások?

- Életed melyik területe az, ahol még mindig elvegyülsz, de titokban szeretnél kitűnni a sorból?

- Mit tennél, ha nem félnél attól, hogy mások mit gondolnak rólad? Van olyan kockázat, melyet vállalni akartál egy szenvedélyedért, de féltél a kudarctól vagy a sikertől? Mi a félelmed?

- Hol kaphatsz támogatást és bátorítást?

- Hogyan tudod előcsalogatni az egyedi, kreatív *stílusod*?

- Fejezd be a mondatot: "Amikor *különlegesnek* érzem magam, akkor…" Ismételd el ahányszor csak szeretnéd, és jegyezd föl, ami eszedbe jut.

A sok - szívvel végzett - apró cselekedetből kialakul egy belső nyomaték, amely előbb-utóbb megállíthatatlanná válik.

Ajándék: Határozottság
Árnyék: Tehetetlenség
Szidhi: Legyőzhetetlenség
Programozó Partnere: 16

~ Richard Rudd

BÖLCSESSÉGEM TÖRTÉNETE

Mindig is tudtam, hogy istennőnek születtem és alig vártam, hogy rám találjon a szenvedélyes hívás és a tökéletes romantika. A kellemetlen lépéseket, amelyekről azt állították, hogy szükségesek a céljaim eléréséhez, elutasítottam. Unalmasnak tartottam őket.

Abban bízva, hogy azonnal meg tudom valósítani az álmaimat, egyik izgalmas irányból (és kapcsolatból) a másikba hajszoltam magam, miközben kapkodva próbáltam átugrani a jelen pillanatot, hogy eljussak a vágyott jövőbe. Amikor az álmaim nem teljesültek, gyorsan eltereltem a figyelmem egy újabb elbűvölő vízióval.

Évekig be voltam sózva, és nem volt nyugalmam. Minden kapcsolatomat megszakítottam abban a pillanatban, ahogy a mézesheteknek vége lett. Egyre több időt pazaroltam értelmetlen tevékenységekre, míg annyira féktelenné váltam, hogy elhatároztam, teljesen feladom az álmaimat és megelégszem egy normális élettel. Ahelyett, hogy egy sugárhajtású varázsgéppel jártam volna a világot, hozzámentem egy kedves barátomhoz, és háztartásbeli családanya lettem. Szerettem a családom, de az életem elviselhetetlenül hétköznapivá vált. Nem csak a jelentéktelen pillanatokat éltem meg nehezen. Elvesztem a *tehetetlenségben*. Reményvesztettnek és szenvedélytől megfosztottnak éreztem magam a végeláthatatlan feladatok és felelősségek csapdájában.

Ahogy a gyermekeim kezdtek felnőni, egyre több szabadságot tapasztaltam és régi álomfoszlányok kezdtek felbukkanni. Azonban hamar elhessegettem őket, meggyőzve magam arról, hogy nem lehetek egyszerre anya és istennő. Különben is, túlságosan céltalan voltam és féltem elhagyni a komfortzónát. Aztán egyszer csak anyák napjára egy festményt kaptam a családomtól, amely engem ábrázolt teljes istennő felszerelésben, seprűt és ecsetet tartva a kezemben, vidám gyerekek között. A festménynek az "istennő tábor" nevet adták. Ahogy néztem a szeretetteljes arcukat, fény gyúlt a szívemben és tudtam, mit kell tennem.

Természetesen sok időt, energiát és rengeteg apró (és kellemetlen) lépést kellett megtennem ahhoz, hogy a tábor felépüljön és működőképes legyen. Ma már úgy tekintek minden egyes lépésre, mint egy hatalmas kaland elengedhetetlen részeire. Az életem a mostaninál nem is lehetne teljesebb.

AJÁNDÉKOM SZÁMODRA

Itt az ideje, hogy újra teljes szíveddel belevesd magad az összes, leghétköznapibb cselekedetedbe. Ne feledd, minden szándékos cselekedet egy varázslat. Az igazi *határozottság* nem a kényszerről vagy a szenvedésről szól. Sokkal inkább arról, hogy a szíved vágyát követed. A természetes lendületről, egy-egy szeretetteli cselekedetről. Talán egy erőfeszítés kezdetén, amíg megküzdesz a belső vonakodással vagy a megszokott elterelési módszereiddel, szükséged lehet némi akaraterőre. De amint elmozdulsz, az egész univerzum (beleértve a testedet is) melléd áll, mint egy támogató hullám, melynek csak át kell adnod magad. Aztán hamarosan látni fogod életed minden pillanata és a legmélyebb vágyaid közötti kapcsolatot. Csak hallgass a szívedre. Állíts fel egy fontossági sorrendet a praktikus és a varázslatos dolgok között. És a többit engedd el. Ilyen egyszerű.

KONTEMPLÁCIÓT SEGÍTŐ KÉRDÉSEK

- Hajlamos vagy elveszni a hétköznapi dolgokban, vagy inkább menekülsz előlük?
- Életed mely területén vágysz nagyobb elmozdulásra? Ki segíthet áttörni a tehetetlenséget és elindulni?
- Ha elvesztetted az álmod, találj három lehetőséget arra, hogy ma megélhesd a csodát.
- Ha kétségbeesetten próbálod elkerülni a praktikus dolgokat, válassz ki három feladatot, melyekben - miközben teljesíted őket - megtalálod a varázslatot.
- Mikor érezted magad *legyőzhetetlennek*? Írd le a naplódba, milyen érzés volt.

Amint megértjük, hogy sem nevünk sem cselekedeteink, érzéseink, gondolataink vagy hiedelmeink nem mi vagyunk, rájövünk, hogy az emberi természet valami sokkal nagyobb és sokkal tágasabb, mint azt valaha is sejtettük.

Árnyék: Énközpontúság
Ajándék: Természetesség
Szidhi: Létezés
Programozó Partnere: 15

~ Richard Rudd

10

BÖLCSESSÉGEM TÖRTÉNETE

A szüleim és a kultúránk számára a kollektív érdekek mindig előnyt élveztek az egyénivel szemben. Fiatal lányként az önmegtagadás és a láthatatlanság mestere voltam. Másokon keresztül határoztam meg magam, és a körülöttem lévő emberekért éltem. Idővel a harag olyan mértékben elhatalmasodott rajtam, hogy úgy éreztem megfulladok. Ekkor már nem tagadhattam tovább az érzéseimet. A túlélésem onnantól kezdve nem azon múlt, hogy mennyire vagyok láthatatlan, hanem attól függött, hogy milyen mértékben tudom mindenáron megtagadni a családomat és a tanult mintákat. A továbbiakban nem kockáztathattam, hogy elveszítem önmagam, így énközpontúvá váltam. Ismerni akartam magam, önmagam akartam lenni, önmagamként öltözködni, cselekedni, imádkozni és beszélgetni Istennel. A nyugati kultúrában kerestem az utat ahhoz, hogy igazi egyéniség legyek.

Olyannyira sikerült önmagammá válni, hogy a szívem és a személyiségem erődítményén már senki sem tudott áthatolni. Nem engedhettem meg magamnak, hogy érzékeny legyek, vagy azért aggodalmaskodjak, hogy milyen benyomást keltek másokban. Azt gondoltam, hogy a legtöbb ember meg akar változtatni, vagy csapdába akar ejteni. A többi emberről az volt a véleményem, hogy önmagukon kellene változtatniuk. Akkor ismertem fel, hogy mennyire nárcisztikussá váltam, amikor már minden kapcsolatom darabjaira hullott. Bátorság kellett ahhoz, hogy szembenézzek önmagammal és lássam, mennyire dühös, paranoid és megközelíthetetlen lettem, és hogyan toltam el az embereket magamtól, csak azért, mert attól féltem, hogy elvesztem önmagam.

Manapság nagy együttérzéssel fordulok mások és önmagam felé is abban a küzdelemben, hogy megtaláljuk a saját utunkat és az igaz természetünk szerint éljünk. Évekbe telt, míg a biztonságérzetem olyan erős lett, hogy el tudtam engedni az időközben kialakított összes identitással kapcsolatos buktatót, és hogy teljesen megértsem, az igazi természetem minden meghatározáson túl van. Ma már tudom, hogy csak akkor tudjuk megtapasztalni és megélni az egységet, ha megengedjük magunknak, hogy egyedi és természetes önmagunk legyünk.

AJÁNDÉKOM SZÁMODRA

Látom mennyire törekszel arra, hogy megtaláld önmagad, és azt is tudom, mennyire nehéz választ találni erre az igazán emberi kérdésre. Önmagad keresése közben ne felejtsd el élvezni az utat. Eljön az idő, mikor mindent el tudsz majd engedni. Végső soron nem vagy azonos a tudásoddal és a cselekedeteiddel. Sem a gondolataiddal, az érzéseiddel vagy az elképzeléseiddel. A külsőd és a munkád sem te vagy. Idővel, amint ez az igazság élővé válik benned, és elengeded a saját életed elleni küzdelmet, nyugodtabbá, összeszedettebbé és örömtelibbé válsz. Sokkal ellazultabb, szabadabb és nyugodtabb leszel. Minden, ami a szívedben megjelenik, amit cselekszel vagy kifejezel, az teljes természetességgel fakad majd belőled. Arra szeretnélek emlékeztetni, hogy sokkal csodálatosabb vagy, mint ahogy azt az elméddel el tudod képzelni és hogy a valódi természeted arra hivatott, hogy virágozzon és hozzájáruljon ahhoz a csodálatos kerthez, amelynek mindannyian részesei vagyunk. Gyöngéden hajolj meg, ne akadályozd magad tovább, engedd, hogy mindez megtörténjen.

KONTEMPLÁCIÓT SEGÍTŐ KÉRDÉSEK

- Életed mely területén kötsz kompromisszumot, vagy veszíted el önmagad mások társaságában?

- Milyen területen érzed magad énközpontúnak? Hol kapaszkodsz túl erősen egy identitásba, egy gondolatformába, életformába vagy cselekedetbe?

- Hol játszod el még mindig a mártír szerepet? Hol kellene megszüntetned a kompromisszumot?

- Gondolj egy olyan időszakra az életedben, amikor megélted a valódi *természetességet*, amikor teljesen ellazulva érezted magad a saját bőrödben. Mit hozott ki belőled a *természetesség* ebben a helyzetben?

- Milyen eszközeid vannak arra, hogy kiterjeszd önmagad, megéld a *létezésed*? Írd le a felmerülő gondolataidat a naplódba.

Az idealizmus az a folyamat, amikor az archetipikus emlékek egyenletesen beáramlanak a forma világába.

Ajándék: Idealizmus
Árnyék: Sötétség
Szidhi: Fény
Programozó Partnere: 12

~ Richard Rudd

11

BÖLCSESSÉGEM TÖRTÉNETE

Otthon mindig támogattak abban, hogy elmerüljek a képzeletemben. Folyton megálmodtam és eljátszottam történeteket. Csodálatos volt. Az iskolában viszont, amikor azon kaptak, hogy az ablakot bámulom, mindig azt mondták, hogy ne járjak a fellegekben, legyek figyelmes és éljek a valóságban. Így gyorsan beépült, hogy jobban járok, ha a fantáziáimat megtartom magamnak.

Hosszú ideig senki nem tudta, hogy a fantáziáláshoz képest milyen kevés időt töltök a realitásban, ami számomra teljesen nélkülözte a csodákat. A szüleim azonban érzékelték, hogy valami megváltozott. Aggódni kezdtek és elvittek egy doktorhoz, aki még földhözragadtabb volt, így felírt néhány pirulát és technikákat javasolt a viselkedésem megváltoztatására, melyek véget vetnek az illúzióimnak és visszatérítenek a valóságba.

Egy ideig úgy tűnt, hogy ez működik, és képes voltam elhagyni a gyógyszereket, de aztán a képzelgéseim visszatértek. Ekkor ahelyett, hogy az álmaimat magamban tartottam volna, elszántan próbáltam megvalósítani őket. A valóság viszont meg sem közelítette azt az ideált, amit elképzeltem. Ettől erőtlen és dühös lettem és újra megpróbáltam eltolni őket. Ezúttal azonban minél nagyobb erővel próbáltam tűzbe dobni a fantáziáimat, azok annál sötétebbek és zavarosabbak lettek. Randi partnereim démonként jelentek meg álmaimban. Ugyanazokat a rettenetes helyzeteket teremtettem meg újra és újra, főleg az intim kapcsolataimban. Ez az egész már annyira felemésztett, hogy az életemet is el akartam dobni.

Egyik éjszaka álmomban egy jegesmedve közelített felém, szájában arany naplóval, tollal és festékekkel. Következő nap elfutottam az üzletbe, és megszületett a későbbi több száz művészeti újságom első darabja. Képeket rajzoltam, verseket írtam és minden olyan érzésemet és víziómat lefestettem, melyekkel addig féltem szembenézni. Megtanultam bízni a megjelenő képekben. Azóta mindig szabad utat engedek a képzeletemnek. Természetesnek érzem kifejezni és formába önteni a legmélyebb álmaimat is.

AJÁNDÉKOM SZÁMODRA

Az a küldetésem, hogy emlékeztesselek az érzékeny, túláradó, nőies és varázslatos álomvilágod hihetetlen erejére és az általa nyújtott lehetőségekre. Megengedheted magadnak, hogy játssz a jobb agyféltekéddel, a belső képek birodalmával, archetípusokkal és a képzelőerőddel. Bízhatsz abban, hogy a világon minden szimbolikus. Bármit is láss, kérlek ne ítélkezz, ne azonosulj vele túlságosan, vagy ne próbáld beleilleszteni egy már ismert formába. Arra kérlek, hogy semmilyen módon ne ítélkezz önmagad fölött, sem az optimista, sem a szokatlan gondolataid miatt. Modern világunkban legtöbbünket arra tanítottak, hogy az idealistákat naiv, gyenge és csalódott embereknek tartsuk, akik elszakadtak a realitástól. Az valóban igaz, hogy az idealizmus struktúrát igényel ahhoz, hogy kifejezésre jusson a fizikai világban. Azonban a saját ideáljaink és álmaink felfedezése és ismerete nélkül, hogyan tudnánk valódi értékeket teremteni? Ahhoz, hogy saját világunkban egyensúlyt teremtsünk, szükségünk van hozzád hasonló emberekre, akik a mágikus realizmust gyakorolják, és ugyanannyira kell értékelnünk a csodálatosan nyitott elmédet, mint a bal agyféltekéd által gyártott logikus terveket.

KONTEMPLÁCIÓT SEGÍTŐ KÉRDÉSEK

- Hajlamos vagy arra, hogy túlságosan elmerülj a *fantáziálásban*, vagy inkább nem veszed elég komolyan az álmaidat?
- Itt az ideje, hogy elengedj egy *fantáziát*, amely eddig visszatartott attól, hogy igazán átéld és élvezd az életed?
- Itt az ideje, hogy elővedd egy rég eltemetett, esetleg tiltott, vagy irreális álmodat, és azt kifejezésre juttasd valamilyen módon?
- Találj egy *fényes* totemet, amely legmélyebb álmod vagy ideálod energiáját hordozza. Viseld magadon ahogy szeretnéd, így ereje bármikor veled lehet.

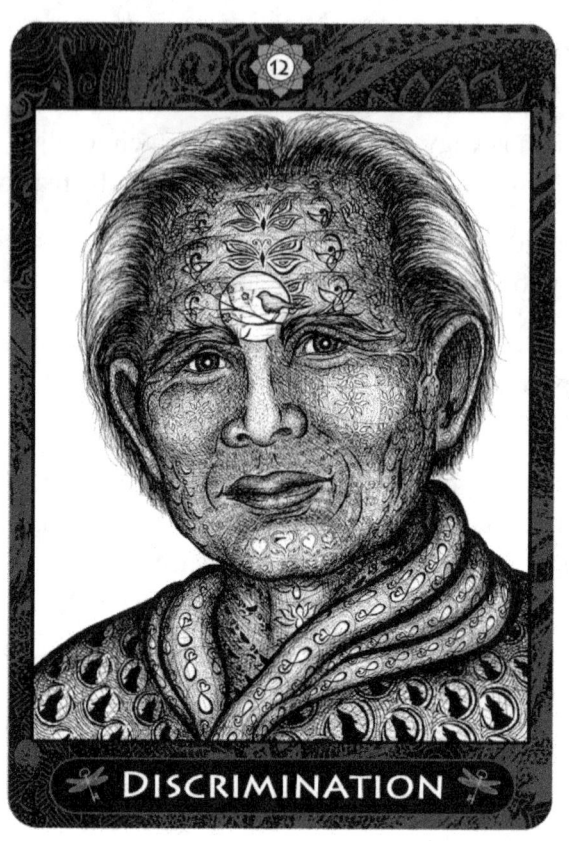

A megkülönböztetés képessége azt jelenti, hogy ösztönösen tudjuk, mi és ki tesz nekünk jót az életben.

Árnyék: Hiúság
Ajándék: Kifinomultság
Szidhi: Tisztaság
Programozó Partnere: 11

~ Richard Rudd

12

BÖLCSESSÉGEM TÖRTÉNETE

Születésem óta bölcs, öreg léleknek tartottak. Fájdalommal töltött el a brutalitás és rosszindulat, amit magam körül tapasztaltam, és könnyen átláttam az emberekben lakozó félelmeken és butaságon. Ösztönösen felismertem, hogy az élet többről szól, ezért spirituális útkeresésbe kezdtem. Évekig bölcs tanítóktól tanultam, figyeltem a gondolataimat és megtanultam uralni az érzelmeimet. Ahogy egyre többet fejlődtem, az elmém kitisztult, a megnyilvánulásaim művésziek lettek és a kommunikációm kifogástalanná vált. Mindenki nagyra értékelte a határtalan nyugalmam és vonzó, szeretetteljes természetem.

Magam körül olyan embereket láttam, akik a jó kinézet és a siker látszatát hajszolták. Miközben őket figyeltem, ahogy görcsösen ragaszkodnak korlátolt rendszerekhez és hiedelmekhez, hálát éreztem azért, hogy engem már nem tud magával ragadni ez a szomorú és hiábavaló játszma. Majd egyszer csak belém hasított a felismerés. A hálám mögött valójában büszkeség húzódott meg és ahogy mélyebben magamba néztem, felsőbbrendűséget találtam, egyfajta lenéző magatartást azokkal szemben, akiknél nem tapasztaltam az általam elért spirituális tudatosságot és ragaszkodásmentességet. A hiúság, amit a világ tükrözött, bennem is ott élt. Rájöttem, hogy minél jobban törekszem hiúságom elengedésére és túlhaladására, az annál erősebben tapad hozzám.

Amint megbarátkoztam azzal az igazán emberi igényemmel, hogy különleges akarok lenni, abban a pillanatban értékelni kezdtem az általa nyújtott ajándékokat és az emberiség kreatív fejlődésében betöltött szerepét.

AJÁNDÉKOM SZÁMODRA

Szeretném, hogy tudd, a *hiúság* egy gyönyörű és szükséges része az emberi létezésnek. Hogyan is tudnád kitárni intelligens szárnyaidat, és újra kapcsolódni a személyes erőddel, vagy felismerni és kifejezni a leggyönyörűbb tulajdonságaidat anélkül, hogy saját egyediséged megszeretnéd? Végső soron mindannyian fel fogjuk fedezni, hogy ha igazán szeretjük önmagunkat, mindenkit szeretnünk kell, mivel mi mindannyian egyek vagyunk. Most viszont arra kérlek, hogy hagyd abba azt a törekvést, hogy megszabadulj a *hiúságodtól.* Ehelyett engedd meg magadnak, hogy beleszeress saját és mások eredetiségébe. Tanuld meg megkülönböztetni a hamis és az igaz dolgokat, hogy ki és mi az, ami egészséges számodra. Alakítsd művészetté a veleszületett önfejlesztésre irányuló vágyadat. És mindig a szívedből szólj. A többi már magától megszületik.

KONTEMPLÁCIÓT SEGÍTŐ KÉRDÉSEK

- Milyen álarcokat viselsz a mindennapi életedben? Mitől félsz vagy miben reménykedsz, mi történhet, ha leveszed az álarcod?

- Hogyan fejezed ki belső *felsőbbrendűségi* érzéseidet? Időnként többnek érzed magad másoknál? Ezeket a gondolataidat megtartod magadnak vagy rosszindulatúan ki is fejezed? Légy szerény.

- Jó érzéked van a kifinomultsághoz? Tudod-e ki és mi az, ami egészséges számodra? Honnan ismered fel?

- Figyelj a hangszínedre, amikor beszélsz. Érzékeld azt, hogy tiszta szívből szólsz-e. Amennyiben nem a szíved irányít, akkor a hiúságod jelenhet meg valamilyen formában, ami nem szolgál téged.

Az ítélőképesség egyéni szinten azzal kezdődik, hogy felismerjük, a másokról alkotott nézeteink milyen nagymértékben kapcsolódnak az érzelmeinkhez. Amikor a saját érzelmeink szemtanúivá válunk, és képesek vagyunk vizsgálat tárgyává tenni őket, kezdjük a dolgokat objektívebben látni.

Ajándék: Ítélőképesség
Árnyék: Hangzavar
Szidhi: Empátia
Programozó Partnere: 7

~ Richard Rudd

13

BÖLCSESSÉGEM TÖRTÉNETE

Fundamentalista háztartásban nőttem fel, szűklátókörű, ítélkező és indulatos szülőkkel. Ha olyasmit fejeztem ki, ami nem egyezett az ő hitrendszerükkel, vagy túl optimista voltam, akkor szavakkal vagy övvel szidalmaztak. Nekik mindig igazuk volt, nekem nem lehetett. Annak érdekében, hogy túléljem a haragjukat, keserűségüket és pesszimizmusukat, vízzé váltam. Lágy, engedelmes és örökké alkalmazkodó lettem. A biztonságért cserébe feláldoztam magam, és olyan jól eljátszottam, hogy aranyos és kedves vagyok, hogy azt is elfelejtettem, hogy színlelek.

Felnőtt nőként engedékeny lábtörlő lettem, aki hagyta, hogy mások átgázoljanak rajta. Mélyen erős meggyőződéseim voltak, mégsem álltam ki soha azért, amiben hittem. Ezt a mintát ismételtem, egyik bántalmazó kapcsolatból menekülve a másikba. Minden döntésemet a biztonság iránti vágy motiválta, mégis alig éreztem biztonságot és gyakran találtam magam ellentmondásos helyzetekben. Tudtam, hogy mit kellene tennem, de nem voltam hajlandó megtenni az első lépést. Egészen addig a napig, amíg megláttam, hogy a férjem nem megfelelően bánik a lányunkkal. Akkor betelt a pohár. Nem tudtam tovább tagadni az érzéseimet, vagy nem cselekedni.

Az igazi hősies életem akkor kezdődött, amikor arra kényszerültem, hogy meghalljam a bennem dúló haragot, fájdalmat és teljes reménytelenséget. Most már empátiával, együttérzéssel és optimizmussal figyelem a körülöttem zajló emberi drámát. Mítoszokat és gyermekkönyveket írok, amelyek elismerik az emberi életet, mint misztikus utat. Minden igazi hős és hősnő keresztül megy a lélek sötét éjszakáján. Az átalakulás és a megváltás elkerülhetetlen, amikor hajlandóak vagyunk felébredni és igazán hallgatni.

AJÁNDÉKOM SZÁMODRA

Azért vagyok itt, hogy felébresszelek. Életed mely területén ismétled ugyanazokat a hibákat? Miben utasítod el, hogy meghallgasd és elfogadd a szíved által sugallt igazságokat? A magaddal szemben gyakorolt őszinteség hatalmas bátorságot jelent. Itt az ideje, hogy elkezdj hallgatni - saját magadra és másokra. Tanuld meg az *ítélőképesség* művészetét. Figyelj a szavak mögé. Hallgass a mélyebb vágyakra, az érzelmi indíttatásokra és a mögöttes hangszínre. Hallgass a saját történeteden túlra. Egy varázslatosan mesés emberi dráma zajlik az életedben, melynek mi mind részesei vagyunk. Mindannyian magunkban hordozunk egy varázspálcát, egy harcos kardját és egy boldog befejezés lehetőségét. Amint felfedezed az életed misztikus minőségét, több optimizmust érzel majd, és az empátiás készséged, az együttérzésed és hősi potenciálod is növekedésnek indul. Nem vagy egyedül. Veled vagyok.

KONTEMPLÁCIÓT SEGÍTŐ KÉRDÉSEK

- Milyen önromboló körforgásba ragadtál bele?
- Életed mely területén vágysz az *empátiára* magadtól vagy másoktól?
- Ismerd fel, hogy a magad körül érzékelt világot a saját mentális és érzelmi állapotaid határozzák meg.
- Hogyan tudnál a hétköznapjaidban empatikusabb lenni önmagaddal és másokkal?
- Van-e olyan mítosz, amellyel mélyen azonosulni tudsz? Amely visszatükrözi a családi vagy kulturális történetedet?
- Ha a saját mesédet írnád, miről szólna? Ki lenne a főszereplő? Írj egy egyszerű mesét a naplódba. Engedd, hogy a történet hatással legyen az életedre.

*A kompetencia magával
hozza a hatékonyságot,
lelkesedést, könnyed
eleganciát és rugalmasságot,
az anyagi siker négy kulcsát.*

Ajándék: Kompetencia
Árnyék: Megalkuvás
Szidhi: Tobzódó jólét
Programozó Partnere: 8

~ Richard Rudd

14

BÖLCSESSÉGEM TÖRTÉNETE

Hercegnek születtem, de a családomat száműzték országunkból. Túlélésünk érdekében a szüleim kitörölték tudatukból a királyi vérvonalat rejtő múltunkat. Egy normális világ normális családja lettünk. Szerény otthonunk volt és hagyományos iskolába jártam. Megtanítottak arra, hogy olyan életet akarjak élni, mint mindenki más.

Amint fiatal felnőtté váltam, másokhoz hasonlóan azért dolgoztam, hogy stabilitást és sikert érjek el. Megházasodtam, keményen tanultam és tisztességesen dolgoztam. Pénzt kerestem és elismerést kaptam. Rengeteg elismerést. Soha nem szerettem a munkám, és nem is volt ilyen vágyam. Csak az számított, hogy betartottam a szabályokat, gondoskodtam a feleségemről és sikeresnek tűntem. Azonban ahogy telt az idő, és egyre nagyobb felelősséghez jutottam, a gyomromban érzett nyomás is egyre jobban feszített. Csapdában éreztem magam, a szenvedély kihalt belőlem, mintha valami fontos hiányzott volna az életemből.

Ekkor feleségemmel úgy döntöttünk, hogy eljött a családalapítás ideje, gyermeket vállalunk. De bármennyire próbálkoztunk, a gyermekáldás nem talált ránk. Minél frusztráltabbnak, szégyenteljesebbnek és impotensnek éreztem magam, annál jobban erőltettem a szakmai sikereket. Hajlandó voltam bármilyen kompromisszumot kötni a siker érdekében - lehetett szó az egészségemről vagy akár a házasságomról.

A feleségem és közöttem kialakuló egyre nagyobb távolság hatására a testem szenvedni kezdett. Bár makacsul próbáltam tagadni a fájdalmat, egy este a feleségem szembesített vele. Belenézett a kiüresedett szemeimbe, megragadta a vállaimat és felkiáltott: "Elég! Nincs több siker! Ez megöl téged. Megöl minket. És soha nem fogja betölteni azt az űrt, amit belül érzel." Majd nagyon gyengéden és őszintén megkérdezte, hogy valójában mi volt az igaz vágyam és elképzelésem magamról és az életemről. Mi lenne az, amit szívből csinálnék, ha nem azon aggódnék, hogy róla gondoskodjak és a sikert hajszoljam?

Abban a pillanatban tudatosult bennem, hogy ezt a kérdést soha életemben nem tettem fel magamnak. Könnyeim ekkor patakokban kezdtek folyni. A feleségemmel együtt újra megtanultunk álmodozni. Végül kézbe vettük az életünket, elengedtük a hatalmat, és váratlan kalandozásba kezdtünk. Nem más, mint a tiszta lelkesedés vezetett minket vissza a szülőhazámba, és végül felébredt bennem az igazi *kompetencia*.

Mostanra messzire sodródtam a normálistól - egy király vagyok, aki arra hivatott, hogy hazatérő menekült gyermekek ezreit szolgálja és védelmezze. A feleségem és én szeretjük egymást és mindent, amit csinálunk. A lelkesedésem pedig annyira ragályos, hogy hatásomra a gyerekek sem tudnak mást tenni, mint a szívüket követni.

AJÁNDÉKOM SZÁMODRA

Arra ösztönözlek, hogy emlékezz a vágyaidra és bíztatlak, hogy vess egy őszinte pillantást az életedre. Itt az ideje, hogy újra érezd a belső tüzedet és véget vess a kompromisszumoknak. Minél több kompromisszumot kötsz, annál nagyobb csapdában érzed majd magad egy olyan életben, ami még csak nem is a sajátod. Arra születtél, hogy egy gazdag, kiteljesedett és harmonikus életet élj, és megtapasztald a *kompetenciát*. Látom, ahogy átléped az akadályokat, szereted, amit csinálsz, egyedi vonzerővel bírsz, és kreatívan alkalmazkodsz minden új, az életeddel összhangban érkező lehetőséghez. Nyiss utat a rád váró *tobzódó jólét* számára.

KONTEMPLÁCIÓT SEGÍTŐ KÉRDÉSEK

- Életed mely területén kötsz kompromisszumot?
- Miben vagy megalkuvó?
- Hová folyik el az értékes energiád?
- Gondolj vissza arra az időre, amikor a hasadban érezted a tüzet.
- Mit jelent számodra a *kompetencia*? Mikor érezted magad a legkompetensebbnek életed során?
- Tobzódó jóléted ajándékait másokkal is megosztod?
- Melyik álmod várakozik arra, hogy megvalósítsd?
- Találd meg az alkalmat arra, hogy feléleszd egy álmod, és oszd meg a *jóléted* másokkal még ma.

*A modern emberiség számára
az egyik nagy kihívás,
hogy megtanuljon lelassulni.*

Ajándék: Mágneses vonzerő
Árnyék: Eltompultság
Szidhi: Virágzás
Programozó Partnere: 10

~ Richard Rudd

BÖLCSESSÉGEM TÖRTÉNETE

Egész életünket egy kis faluban töltöttük. Édesanyám a befülledt mindennapokra, vagy az ingadozó hormonjaimra fogta, hogy az egyik nyáron minden idegesíteni kezdett engem azon a helyen. Nem azért, mert valami szörnyűség történt. Éppen az volt a baj, hogy SEMMI nem történt. Azt gondoltam, hogy két választásom van. Vagy belehalok az unalomba, vagy megfojtom a húgomat, amiért állandóan megpróbálja elterelni a figyelmét arról, hogy az életünk tagadhatatlanul üres.

Az anyámnak nem tetszett a hozzáállásom. Jóllehet a húgom képtelen volt egy szempillantásnál több ideig koncentrálni bármire vagy bárkire, de ő legalább próbálkozott. Én? Engem semmi nem érdekelt. Nem láttam értelmét bárkivel vagy bármivel foglalkozni. Az én életem sehova nem tartott.

Aztán egyszer csak azon kaptam magam, hogy a kutyámat, Nillyt bámulom. Ott hevert a verandán, a nyelvét lógatva, boldog volt, úgy festett, mint aki nyugtatót szed. Először elfogott a sárga irigység. Hogy csinálja ezt?! Csak üldögél ott, teljesen ellazulva és a világon egyetlen dolgot sem akar megváltoztatni. Ráadásul még olyan idegesítően aranyos is.

Ezután arra emlékszem, hogy fekszem mellette, hallgatom a bundás hasának finom hullámzását, bámulom az eget és közben órákon át…semmit sem csinálok. Ebben az időtlen pillanatban végtelen ürességben lubickoltam, amitől a boldogságot is felülmúló érzés árasztott el. Záporozni kezdtek a könnyeim és úgy meggyömöszöltem Nillyt, hogy alig kapott levegőt. Édesanyám szerint azóta ragyogok. A húgom is lassítani kezdett a tempóján, amikor velem tölti az idejét, még akkor is, amikor semmi különöset nem csinálunk.

AJÁNDÉKOM SZÁMODRA

Ha én egy vidéki lányként a legunalmasabb helyeken is képes vagyok csodát találni, akkor erre te is képes vagy. De azt kell mondanom neked, hogy ez csak akkor működik, ha nem harcolsz az unalom ellen. Szembe kell nézned vele. Az egész lényeddel át kell ölelned. Le kell lassíííííítanod. Tudom, hogy ez nehéz. Még félelmetes is lehet. De ha kitartó vagy (anélkül, hogy a lustaság miatt elítélnéd magad), nagy valószínűséggel azt kezded majd érezni, hogy az élet nagy izgalommal tölt el és egy ellenálhatatlan *vonzerő* ragyog fel a gyönyörű szemeidben. És ez minden ok nélkül történik veled.

KONTEMPLÁCIÓT SEGÍTŐ KÉRDÉSEK

- Megpróbálsz elmenekülni az unalom és az üresség érzése elől mindenféle aktivitás által, miközben azok valójában nem is töltenek fel téged?
- Engeded, hogy az unalom és üresség érzése maga alá gyűrjön a depresszió és beletörődés által?
- Milyen tulajdonságod szeretnéd, hogy sugározzon belőled?
- Próbáld ki, hogy milyen érzés teljesen magadhoz ölelni az *eltompultságot*. Hajrá. Nézd meg mi történik.
- Tölts időt egy teljesen ellazult állattal. Tanulj tőle.
- Gondolj valakire, akinek erős személyes *vonzereje* van. Hogyan segítheti az ő példája a saját belső esszenciád felragyogását?

*A sokoldalúság ajándéka azt jelenti,
hogy képesek vagyunk bármilyen
készséget megragadni és azt bármilyen cél
érdekében felhasználni, ez pedig az
emberiség helyzetének javítása és az egész szolgálata.*

Ajándék: Sokoldalúság
Árnyék: Közöny
Szidhi: Mesteri tudás
Programozó partnere: 9

~ Richard Rudd

16

BÖLCSESSÉGEM TÖRTÉNETE

Kisfiúként villámcsapás ért. Falunk sámánja ezt különleges jelzésként értelmezte, és szárnyai alá vett. Míg a többi gyerek játszott, én a gyógyító növényeket tanulmányoztam, a csörgő és a dob használatát gyakoroltam.

A szívem mégis a kacagó gyermekhangok és a falusi nagymamák történetei felé húzott. Esténként arról álmodtam, hogy ropogó tűz mellett főzünk, és nagyra nyílt szemekkel hallgatjuk az öregek történeteit. Azonban amint felébredtem, ráeszméltem, hogy ki vagyok valójában és ki nem lehetek soha. Ezért aztán megszállottan folytattam a sámánképzést. Becsaptam magam azzal a tudattal, hogy jó úton járok és semmi másra nem vágyom.

Idővel ősi tradíciónk összes beavatását megkaptam és eljutottam a legmagasabb szintre. Eljött az ideje, hogy megkapjam végső beavatásomat, és hogy eleget tegyek az egész életre szóló hívásnak. A beavatás napján azonban pánikba estem. Nem éreztem késznek és elégnek magam. Az erdőbe szaladtam. Azon az éjszakán a fák ölelésében álmomban láttam, ahogy az egész világ összeomlott, és nekem nem volt erőm ahhoz, hogy megmentsem. Összetörten tértem vissza a faluba. Hanyagolni kezdtem szent küldetésemet és elvesztettem a célom. Naiv módon még a környező városokból beszivárgó pletykáknak is hinni kezdtem, melyek szerint a mi ősi hagyományaink soha nem fogják megoldani a világ problémáit.

A mesterem észlelte szemeimben a növekvő pesszimizmust és közönyt. Reszketve vallottam be lelkem fájdalmát, miszerint én más módon szeretném szolgálni közösségünket. Nem tudtam eleget tenni a hívásnak. Meglepetésemre mesterem elmosolyodott és ezt felelte: Te valóban sámán vagy, csak különbözöl a többiektől. Hallgass az álmaidra, kövesd a szíved, és olyan mélységekig szívd magadba új mesterséged, hogy tudásod bárhol, bárkivel, bármilyen célra fel tudd használni. Megfogadtam a tanácsát.

Mostanság bárhol vagyok, bármit teszek, a környezetemben az emberek ellazulnak, a szívek megnyílnak és a gyerekek kacagnak. Bízom a saját egyedi gyógyító erőmben, és boldognak érzem magam.

AJÁNDÉKOM SZÁMODRA

Ha a szemeidbe nézek, óriási tehetséget és *sokoldalúságot* látok. Azért vagyok itt, hogy emlékeztesselek, bár a tehetség folyamatos energiabefektetést igényel, de ha kiállsz valódi szenvedélyed mellett, minden sokkal könnyedebbé válik. Bízz a lelkesedésedben, merj különbözni. Légy közömbös az emberek véleményével szemben. Biztosítalak arról, hogy ezáltal könnyebben találsz majd időt arra, amit szeretsz. Könnyebben áramlanak majd azok az emberek az életedbe, akik valóban hozzád illenek. Könnyedén kérsz majd segítséget, és a félelmeidet is könnyebb lesz kifejezni. A nehéz munkát is könnyűszerrel végzed, mivel mindent szeretetből teszel. Végül a tudásod és a képességeid olyan szerves részeddé válnak, hogy játszva és improvizálva éled az életed. A szolgálat és a fenntarthatóság magától értetődővé válik. Nem is gondolnád, mennyire felkészült vagy.

KONTEMPLÁCIÓT SEGÍTŐ KÉRDÉSEK

- Milyen területen mondtál le önmagadról és a világról?
- Milyen szenvedélyeid várnak arra, hogy gyakorold őket?
- Úgy gondolod, hogy valamire nem vagy készen? Mire vársz?
- Mi az az egyszerű tett vagy megoldás, amely egy vágyálmodat valósággá varázsolhatja?
- Meggyőzted magad arról, hogy bizonyos szenvedélyeid haszontalanok számodra? Mi vagy ki az, ami vagy aki iránt igazán hívást érzel, hogy bármilyen módon szolgáld?
- Mihez van természetes tehetséged? Tegyél meg egy lépést annak érdekében, hogy mesteri tudáshoz juss ezen a területen.

*A távolbalátás közvetlenül
a szívből fakad,
nem pedig az elméből.*

Ajándék: Távolbalátás
Árnyék: Véleményezés
Szidhi: Mindentudás
Programozó Partnere: 18

~ Richard Rudd

BÖLCSESSÉGEM TÖRTÉNETE

A szüleim azt várták tőlem, hogy népünk kedvéért nagy dolgokat érjek el. Még iskola előtt fejlesztettek intellektuálisan és tesztelték a tudásom. Dicsőítették az adatgyűjtést, a teszteket és a strukturált vitákat, míg az irracionális érzelmeket elutasították. A részletekre kiélezett szemeim pillanatok alatt felfedezték a hibákat. A kritikus, véleményező elmém pedig az összehasonlításokban remekelt. Bármilyen elmélettel szemben képes voltam felsorakoztatni a megfelelő ellenvetéseket.

Az intellektusom jó szolgálatot tett a későbbiekben, általa kiváló diák lettem, majd ügyvéd, végül társadalomkritikus. Addig kutattam, amíg megbizonyosodtam arról, hogy mi a jó, a rossz, helyes és helytelen. Egyre emberségesebb véleményeket alkottam és mindig az igazság oldalán álltam. Szokatlanul elégedettnek tűntem mindenki számára. Mélyen belül azonban komoly voltam, önkritikus és mindent magamra vettem. Folyton összehasonlítottam magam másokkal, miközben attól féltem, hogy ők értelmesebbek és sikeresebbek nálam. Mélyen belül azt a *véleményt* tápláltam, hogy a teljesítményeim nélkül nem vagyok szerethető. Ezért egy áthatolhatatlan pajzsot építettem magam köré, és beszélgetéseimben a logikán kívül minden mást elutasítottam, még a közeli kapcsolataimban és az érzelmi szituációkban is. A látszólag nyitott és haladó nézeteim mögött erős düh húzódott meg. Fundamentalistaként ragaszkodtam a véleményemhez. A nézeteltérések miatt barátok fordultak el tőlem.

Akkor ébredtem igazán magamra, amikor egy ostoba nézeteltérés miatt a szerelmemet is elveszítettem. Attól a pillanattól kezdve az elmém a szeretetteljes szívem hűséges és ragyogó szolgája lett.

AJÁNDÉKOM SZÁMODRA

Arra szeretnélek emlékeztetni, hogy a szeretetnél semmilyen vélemény, elmélet, dogma vagy hiedelem nem lehet fontosabb. A humorérzéked fejlesztése jelenti az egyetlen kiutat ahhoz, hogy felszabadítsd magad a *véleményeken alapuló* élet egészségtelen szorításából. Az igazi *távolbalátás* azt követeli meg, hogy ne vedd magad túl komolyan, vagy mások véleményét túl személyesen. Nevess többet. Ez nem jelenti azt, hogy ki kell kapcsolnod a csodálatos elméd, figyelmen kívül hagynod a mintákat, amiket magad körül látsz, vagy hogy fel kellene hagynod a világ jobbá tételével. Inkább arról szól, hogy képes vagy, és hajlandó vagy látni (és érezni) a világot az összes nézőpontból egyidejűleg. Mindenről lehet véleményed, de emlékezz, hogy nem vagy azonos a *véleményeddel*. Ennél sokkal több vagy. A szív tudósa vagy és azért vagy itt, hogy az emberiség jövőjéhez járulj hozzá azáltal, hogy egyidejűleg látod a kisebb és a nagyobb képet.

KONTEMPLÁCIÓT SEGÍTŐ KÉRDÉSEK

- Miben vagy túlságosan kemény önmagadhoz? Hogyan tudnál gyengédebb lenni?
- Mi az, amiben van véleményed, de félsz megosztani másokkal? Az életed mely területén lenne szükséged tartásra?
- Mikor vagy kemény másokkal? A határozott elképzeléseid a kapcsolataid útjában állnak? Észrevetted már valaha, hogy a véleményedet próbálod megvédeni vagy próbálsz másokat meggyőzni a saját igazadról?
- Ki az a személy, akinek csodálod a *távolbalátó* képességét vagy azt a tulajdonságát, hogy képes a nagyobb képet is látni?
- Mit jelent számodra a *mindentudás?*
- Találj ellenvetést egy határozott véleményedre. Őszintén keress bizonyítékot ennek az ellentétes nézőpontnak a bizonyítására. Maradj nyitott arra, amit tapasztalsz.

*Az Integritás ajándékának titka az,
hogy képesek vagyunk
megtartani saját terünket anélkül,
hogy reagálnánk a saját ítéleteinkre
önmagunkkal és másokkal kapcsolatban.*

Ajándék: Integritás
Árnyék: Ítélkezés
Szidhi: Tökéletesség
Programozó Partnere: 17

~ Richard Rudd

18

BÖLCSESSÉGEM TÖRTÉNETE

Fiatalkorom óta tudtam, hogy valami nem stimmel azzal, ahogy a nőkkel bántak a társadalomban. Az apám lekezelte az anyámat, és ő mindezt hagyta. Majd az apám háta mögött bosszankodott és panaszkodott. Magáért viszont soha nem állt ki, amivel bennem is azt az érzést erősítette, hogy alsóbbrendű vagyok.

Kamaszkoromban dühös lettem. Szomorúnak és szánalmasnak láttam az anyám életét és megfogadtam, hogy én soha nem leszek elnyomott nő. Ezért mindent, ami anyai volt, elutasítottam. Kimondtam a véleményem, megszegtem a szabályokat és nyakamba vettem a világot. Egy független és rendíthetetlen feminista lett belőlem, aki minden támogatást elutasított. A helyzet addig fajult, hogy az apám megfenyegetett, hogy kitagad a családból. Az anyám próbálta csitítani a kedélyeket, de valójában szégyenkezett a szabályszegő lánya miatt. Elhagytam az országot, majd aktivistaként és művészként kezdtem új életet.

Amikor a szüleim meglátogattak, figyeltem az apám lekezelő és az anyám bájolgó viselkedését. Mindkettőjükkel szemben felsőbbrendűnek éreztem magam, pofákat vágtam, vagy dühös lettem. Addig nem érzékeltem, hogy milyen áldozata lettem az anyám viselkedésének, míg egy barátom elhívott magához, hogy bemutasson a szüleinek. Az enyémhez hasonló, hagyományos családi háttérrel rendelkezett. Az apa uralta a beszélgetést, az anya bólogatott és mosolygott. De valahogyan a barátom képes volt élvezni a szülei és önmaga társaságát. A kedvessége és a szülei korlátainak elfogadása valami jót hozott elő belőlem. Rosszul éreztem magam azért, amiért annyira keményen ítélkeztem az anyám fölött, és amiért nem vettem észre, hogy az apámhoz hasonlóvá váltam. Mindannak ellenére, amin keresztül mentünk, az anyám tisztelettel és gyengéden bánt velünk, soha nem veszítette el az önuralmát. Életemben először megláttam a sebezhetőségében rejlő erőt. Ugyan használna vált volna, ha kiáll önmagáért, mindezek mellett viszont magában hordozta az együttérzésre és kompromisszumra való képességet, amikre nekem nagy szükségem volt. Neki köszönhetően annak szenteltem az életem, hogy segítsek másoknak megérteni és átdolgozni a gyerekkorukat, hogy ezáltal meg tudják nyitni a szívüket és integritásban élhessék az életüket.

AJÁNDÉKOM SZÁMODRA

Az a küldetésem, hogy segítsek neked lezárni a gyermekkorodat. Bátorság kell ahhoz, hogy felnyisd a múlt sebeit. Amint képes vagy elengedni azokat az üzeneteket és mintákat, amelyek már nem szolgálnak téged, készen állsz arra, hogy gyengéd és együttérző szívvel fogadd el a szüleidtől kapott ajándékokat. Amikor valóban integritásban élsz, akkor már lehetetlen, hogy mások *ítéleteit* személyes sértésnek vedd, vagy hogy önmagad vagy mások áldozatának érezd magad. Ez nem egy olyan út, amelyet egyedül kell járnod, tehát kérj segítséget. Engedd meg egy barátodnak, egy terapeutának, egy mentornak vagy egy spirituális tanácsadónak, hogy kísérjen téged, amíg feltárod azokat a fájdalmas életeseményeket, amelyek megkeményítették a szívedet és azt eredményezték, hogy felsőbbrendűnek vagy alárendeltnek érzed magad, vagy megakadályoznak a szabad önkifejezésben és abban, hogy mélyen kapcsolódj másokhoz. Idővel meg fogod tanulni, hogyan ítéld meg a dolgokat az elméd helyett a szíveden keresztül.

KONTEMPLÁCIÓT SEGÍTŐ KÉRDÉSEK

- Mikor vagy hajlamos alá- vagy fölérendeltnek érezni magad másokkal szemben? Kivel vagy kemény, még akkor is, ha nehéz ezt beismerned?

- Az életed mely területén vagy leginkább ítélkező magaddal szemben? Kihez hasonlítod magad a saját károdra?

- Az önbíráskodásod milyen módokon akadályoz meg abban, hogy birtokában légy a saját belső tekintélyednek?

- Mit jelent számodra az integritás? Nevezz meg egy dolgot, amit ma meg tudsz tenni azért, hogy még inkább *integráltnak* érezd magad.

- Hogyan tudna a tökéletesség - egy elérhetetlen ideál elérésére ösztönző erő helyett inspiráció lenni számodra?

Az érzékenység ajándéka úgy nyilvánul meg, hogy finoman ráhangolódunk mások szükségleteire. Ahhoz, hogy érzékelni tudjunk másokat és képesek legyünk ráhangolódni a szükségleteikre, először függetlenné kell válnunk tőlük.

Ajándék: Érzékenység
Árnyék: Társfüggőség
Szidhi: Önfeláldozás
Programozó partnere: 33

~ Richard Rudd

19

BÖLCSESSÉGEM TÖRTÉNETE

Azokban az időkben születtem, amikor a férfiak keresték a pénzt, a nők otthon voltak a gyerekekkel, a szülők gondját viselték az időseknek és Isten vigyázott mindannyiunkra. Az életünket a szokások és a hagyományok fonala szőtte át, és mi egyiket sem kérdőjeleztük meg.

Amikor a lányaim kicsik voltak, örültek az érzékenységemnek. Bármilyen igényük volt, én azonnal rendelkezésükre álltam. Minden náthás orrnak akadt nálam zsebkendő, minden megfázásra egy forró leves és minden könnycseppre egy váll, amin kisírhatta magát. De ahogy a lányaim felnőttek és az életünk változott, az én képességem is, miszerint tudtam mit éreznek és mire van szükségük, egyre inkább háttérbe szorult. Osztogattam nekik a tanácsokat, ők pedig azzal vádoltak, hogy nem hallgattam meg őket. Főztem nekik egy tápláló ételt, amire azt mondták, hogy nem egészséges. Elintéztem nekik, hogy egy jóképű fiúval találkozhassanak, és nem mozdultak ki a szobájukból. Még Istenhez is imádkoztam, hogy védje meg őket, de ők megkérdőjelezték, hogy egyáltalán Isten létezik-e. Mikor elköltöztek, minden nap felhívtam őket. Társfüggőnek neveztek, mondván, hogy nem akarják, hogy aggódjak értük. Bármennyire próbáltam szeretni őket, jó anyjuk lenni, és akármilyen gyakran mondtam nekik, hogy mennyire szenvedek a hiányuktól, egyik sem segített. Még inkább eltávolodtak tőlem, és követelőzőnek tartottak.

Végül olyat tettem, amit korábban elképzelni sem tudtam. Elfordultam a saját gyerekeimtől. Ha nekik nincs szükségük rám, akkor nekem sincs szükségem rájuk! Hosszú ideig éltem elszigetelten, és nyomorultul éreztem magam, miközben azt gondoltam, hogy anyaként megbuktam. Végül a barátaim rángattak ki a házból. Egy előadás itt, egy séta ott. Aztán életem legfurcsább álmait láttam, melyekben állatok beszéltek hozzám. Később pedig, ami már sokkoló volt számomra, eltávozott rokonok és barátok szellemei kezdtek megjelenni a nappalimban, üzeneteket adva át nekem, hogy lépjek tovább.

A természetfeletti képességeimnek híre ment. Barátok és szomszédok jöttek hozzám a depressziós kisállataikkal, hervadó növényeikkel és feldolgozatlan szomorúságukkal. Egy jelenség lettem a környéken. Még a lányaim is érdeklődővé váltak. Mostanra visszatérő vendégek lettek. Olyan jól vagyok a saját bámulatos életemben, hogy őket is szabadjára tudom engedni, hogy úgy éljék a saját életüket, ahogy nekik jól esik. Még a főztömet is megeszik, és amikor maguktól kérik, megfogadják a korábbi és jelenlegi tanácsaimat is!

AJÁNDÉKOM SZÁMODRA

Azért vagyok itt, hogy az érzékenységedet és annak sokoldalúságát ünnepeljem. Azt, ahogy képes vagy ráhangolódni más emberek érzéseire és igényeire. Szolgálatkésznek lenni egy csodálatos dolog. Azonban, amikor felajánlod a támogatásod, győződj meg róla, hogy azt jó indíttatásból teszed. Bizonyosodj meg arról, hogy boldog vagy a saját életedben, és nem csak a saját igényeidet akarod kielégíteni azáltal, hogy mások szükségleteit szolgálod. Garantálom, hogy az emberek kiszagolják a rejtett szándékot. Ha elszigeteled magad a fájó érzelmek miatt, akkor itt az ideje, hogy elfogadd a támogatást. Túlságosan nagy és gyönyörű szíved van ahhoz, hogy hosszú ideig zárva tartsd.

KONTEMPLÁCIÓT SEGÍTŐ KÉRDÉSEK

- Túl sok áldozatot hozol azért, hogy azt érezhesd, szükség van rád?
- Hogyan jelzi a tested, hogy túl sokat adtál magadból?
- Letagadod a saját szükségletedet azért, mert attól tartasz, hogy a másiknak az ijesztő?
- Elszigeteled magad, majd neheztelsz másokra, amiért nem támogatnak?
- Ragaszkodsz a függetlenségedhez? Mi a legrosszabb, ami történne, ha megengednéd, hogy valakire támaszkodj és szükséged legyen rá?
- Hogyan tudnád megtalálni az egyensúlyt a magadról való gondoskodás és a másokkal való törődés között? Milyen az egészséges érzékenység? És milyen az egészséges önfeláldozás?

*A magabiztossággal együtt jár az,
hogy minden pillanatban átengedjük
magunkat az életnek. Amikor kezdjük
elfogadni, hogy az életnek megvannak a maga
tervei, és megvan a maga áramlata,
elkezdünk felhagyni azzal, hogy mentális
szinten beleavatkozzunk a folyamatba.*

Ajándék: Magabiztosság
Árnyék: Felületesség
Szidhi: Jelenlét
Programozó partnere: 34

~ Richard Rudd

BÖLCSESSÉGEM TÖRTÉNETE

Mióta először vonót fogtam a kezemben, hegedűs karrierről álmodoztam. Amíg a többi gyerek a fűben játszott, én skáláztam. Az elmém állandóan a jövőben járt, terveztem a következő darabomat, hol fogok játszani és kiket fogok lenyűgözni.

Amint hegedűlni kezdtem, gondolataim vagy a következő előadás körül forogtak, vagy az előző miatti gyötrelmes sajnálkozás kötött le. Míg a zeném másokat könnyre fakasztott, engem csak mozgásban tartott. Mindig úton voltam egyik helyszínről a másikra, repülőn és színpadon éltem az életem. A zene annyira bennem élt, hogy nem is kellett odafigyelnem. Aggódhattam a következő járatom miatt anélkül, hogy egy hangot is rontottam volna. Időnként koncertek után, rajongókkal körülvéve tekintetem elsiklott a tömeg fölött, mintha ott sem lettem volna. Legtöbbször olyan zsongásban voltam, mint egy kaptár nélküli méh - állandóan a telefonommal voltam elfoglalva, beszéltem, üzentem, gyakoroltam, szerveztem, utaztam, felléptem és újra utaztam. Elvesztem a siker és *felületesség* világában.

Mígnem egy nap egy repülőtéren rekedtem, miközben több ezer ember várt rám egy másik városban és mindez egy pocsék vihar miatt történt. Dühömben ordítottam, az irattartómat a földre dobtam és a benne lévő többszáz kotta felrepült a levegőbe. A legfurcsább dolog történt, amikor a lapok hópehelyként szállingóztak a váróteremben. Hisztérikus nevetésben törtem ki. Hamarosan csatlakozott hozzám a többi ember is. Mielőtt észbe kaptam volna, felvettem a hegedűmet és játszani kezdtem... csak úgy, szórakozásból. Úgy éreztem, mintha az angyalok játszanának a hangszeremen, én pedig az eszközük vagyok. Örömkönnyek folytak az arcomon. Még soha életemben nem voltam ennyire jelen. Mindenki emelkedett hangulatba került. Ettől a pillanattól kezdve tudtam, hogy minden rendben van.

AJÁNDÉKOM SZÁMODRA

Azért jöttem, hogy nagy megkönnyebbülést hozzak az életedbe. Lehet, hogy az elméd azzal tölti az idejét, hogy megmondja, mit tegyél. Ez rendben is van így. De ebben a pillanatban arra hívlak, hogy gyengéden mosolyogj édesen aggódó elmédre, és tudd, hogy minden rendben van. Most semmit sem kell tenned. Nem kell törekedned arra, hogy bármi megtörténjen. Nincs miért aggódnod. Nincs mit megbánnod. Most nem ez a dolgod. Csak vegyél egy mély lélegzetet, és tudd, hogy az életedet sokkal nagyobb erők irányítják, mint ahogy azt te valaha el tudtad képzelni. Még ha nem is érzed magad egységben a jelen pillanattal, akkor is jelen vagy, az itt és most-ban létezel. Ebben biztos lehetsz. Oldódj fel a jelenlét csodájában. A jutalmad az igazi magabiztosság lesz.

KONTEMPLÁCIÓT SEGÍTŐ KÉRDÉSEK

- Úgy érzed, nem vagy jelen a saját életedben? Mintha csak átsiklanál az életed történésein, de nem igazán éled át őket?
- Lehetetlennek érzed azt, hogy lassíts? Félsz attól, hogy történne valami, vagy rosszul éreznéd magad, ha felhagynál minden mozgalmas tevékenységeddel?
- Milyen helyzetekben és kivel érzed könnyűnek a jelenlétet? Melyek jelentenek számodra nagyobb kihívást?
- Tölts el néhány percet a tükör előtt. Nézz szembe önmagaddal. Látsz valakit? Figyeld meg, tudsz-e még inkább jelen lenni. Ki tudsz kapcsolódni? Figyeld meg, milyen gondolatok és érzések bukkannak fel benned, amint szembe nézel önmagaddal. Jegyezd fel a tapasztalataidat.

*Végső soron csak azok
kerülhetnek irányító pozícióba,
akik feladták az irányítást*

Ajándék: Tekintély
Árnyék: Kontroll
Szidhi: Hősiesség
Programozó Partnere: 48

~ Richard Rudd

21

BÖLCSESSÉGEM TÖRTÉNETE

Vagyonos családba születtem. Míg az apám zárt ajtók mögött az üzlettársaival a világot irányította, az anyám, a makulátlanra manikűrözött körmeivel és kifogástalan modorával, a háztartást vezette. Szülőként kontrollálóak és kritikusak voltak, én pedig alázatosan viselkedtem. Összerezzentem attól, ahogy a szolgálóikkal bántak, akikről azt feltételeztem, hogy legalább annyira megvetik a szüleimet, amennyire én.

Amint kézhez kaptam a jogosítványom, szereztem egy kis pénzt és hátrahagyva a szüleimet leléptem a gazdag otthonunkból. Nem volt sem tervem, sem végzettségem. Az egyetlen, ami érdekelt, hogy megszabaduljak a mérgező és nyomasztó világuktól. Mindenféle munkákat vállaltam, sodródtam, és tobzódtam abban a tudatban, hogy többé nem tartozom a zsarnoki elithez.

Azonban ahogy a pénztárcám egyre üresebb lett, a kalandvágyam is lankadni kezdett. Túlságosan megalázónak éreztem visszakönyörögni magam a szüleimhez, így a házuk mögött éltem az autómban, és a kukából ettem az ételmaradékot. Az egyik szolgáló rám talált és ragaszkodott ahhoz, hogy hozzájuk költözzek. A családjának gyakorlatilag semmije nem volt, mégis mindenüket felajánlották nekem. Hálás voltam és lekötelezett. Felismertem, hogy mennyire elkeseredett és önző lettem, milyen mélyen haragudtam a szüleimre a szűklátókörűségük és önzőségük miatt, a társadalomra, amiért magára hagyja a nélkülözőket, és leginkább magamra, mert szánalmas és gyenge voltam még ahhoz is, hogy változtassak a helyzetemen, másoknak meg főleg nem voltam képes segíteni.

Ugyanolyan megszállottja lettem a pénznek, mint az apám, és ugyanúgy elrugaszkodtam a valóságtól, ahogy az anyám.

Ha igazán azt akartam, hogy az életemnek értelme legyen, akkor felelősséget kellett vállalnom érte. Attól a pillanattól kezdve a szívem vette át az irányítást. Az a mélyről fakadó vágy hajtott, hogy adni tudjak valamit ennek a családnak a segítségért cserébe és szolgáljam a rászorulókat. Összeszedtem magam, újra kiegyeztem a világgal, és végül megbékéltem a szüleimmel. Ahelyett, hogy elutasítottam volna az erőforrásaikat, arra bíztattam őket, hogy emberségesen bánjanak a munkásaikkal.

Jelenleg a törekvéseim legnagyobb pénzügyi támogatói a szüleim. Segítenek abban, hogy otthont teremtsek a hajléktalanoknak, hogy kertet vigyek az élelmiszer-sivatagokba és olyan embereket képviseljek, akiknek a szavára a társadalom nem figyel fel. Minél jobban kitárom a szívem, annál több hűséget tapasztalok olyan helyeken, ahol korábban nem is számítottam rá.

AJÁNDÉKOM SZÁMODRA

Azt szeretném megosztani veled, hogy az igazi erőnek semmi köze a pénzhez, vagy a kontrollhoz. Az igazi erő abban áll, hogy a szívedből beszélsz és cselekszel, miközben minden cselekedetedet a szolgálat iránti vágy hatja át. Ahhoz, hogy az életed igazi kormányzójává válj, szükséges az is, hogy megadd magad és az is, hogy felemelkedj arra a szintre, amikor bármivel találkozol, arra lelkesedéssel, hálával és mély felelősségtudattal reagálj. Akkor birtoklod a saját hatalmad, amikor bárhová mész, hűséget és kapcsolódást tapasztalsz. Amikor mindenki, akit képviselsz - tekintet nélkül arra, hogy milyen szerepet játszik az életedben, erősítve, lelkesítve és tisztelve érzi magát. Itt az ideje, hogy őszintén meghallgasd az életedben megjelenő csoportok akaratát, és valóban az ő érdeküket képviselve cselekedj. Eljött az ideje, hogy olyan megbízhatóvá válj, amilyennek én már most látlak téged.

KONTEMPLÁCIÓT SEGÍTŐ KÉRDÉSEK

- Az életed mely területén érzed magad kontrollálva?
- Mennyire irányítja az életed vagy befolyásolja a döntésidet a kontrolltól való félelem?
- A saját erőd helytelen használatától való félelmed megakadályoz abban, hogy egyáltalán használd az erőd?
- Milyen kapcsolatokban vagy hajlamos kontrolláló lenni? Mely kapcsolatokban érzed magad alárendeltnek?
- Gondolj vissza életed legjobb kapcsolataira. Milyen feltételek voltak adottak ahhoz, hogy biztonságban érezd magad és átadd magad? Mi kellett ahhoz, hogy birtokold a hatalmad?
- Az életed mely területén tudod még inkább átadni magad?

A kegyesség azt jelenti, hogy mindent kegyesen és odafigyeléssel teszünk.

Árnyék: Becstelenség
Ajándék: Kegyesség
Szidhi: Kegyelem
Programozó partnere: 47

~ Richard Rudd

BÖLCSESSÉGEM TÖRTÉNETE

Megbecsült családba születtem, ahol a hírnév sokat számított. A felszín alatt azonban szörnyű problémák rejtőztek. Fiatal nővé érésem hajnalán az egyik nagyra becsült családtagunk szexuális zaklatásának áldozata lettem. Mivel nagyon féltem és szégyelltem magam, senkinek nem mertem elmondani a történteket. Inkább megpróbáltam mindenáron elnyomni az érzéseimet. Valahányszor egy tiltott érzés töltötte el a szívem, a padlóra borulva kértem Istent, hogy tegyen engem jóvá és jámborrá. Mivel emiatt fiatal lányként különösen buzgó vallásosnak számítottam, egy eldugott kolostorba küldtek, hogy a tanulásnak és az imádságnak szenteljem az életem.

Megkönnyebbülve attól, hogy egy biztonságos helyre kerültem, boldogan utasítottam el az anyagi javakat, felesküdtem a cölibátusra és egész életemet az önzetlenségnek szenteltem. A kolostorban mindenki különösen nyugodt, kiegyensúlyozott és lelkes hallgatónak tartott. Belül mégis gyakran olyan érzelmek árasztottak el, melyeket nagyon nehezen viseltem és még kevésbé tudtam őket kifejezni. Nem vettem komolyan a saját fájdalmaimat, gyűlöltem a szükségleteimet, és elítéltem a vágyaimat. Nem tudtam nemet mondani, ha segítségért fordult valaki hozzám, még akkor sem, ha beteg lettem. Undorodtam a szenvedély legkisebb jelétől is, a düh vagy a szexualitás érzéseitől.

Egy nap, csoportos ima alkalmával, az egyik nővér bátran elmesélte, hogy gyermekkorában szexuális bántalmazás áldozata lett. Miközben hallgattam a történetét, a testem emlékezni kezdett és felszínre tört belőlem a megalázottság és szégyen érzete. Ezúttal ahelyett, hogy Istenhez fordultam volna segítségért, hogy az érzéseimet eltűntesse, a fejem a kezeimbe hajtottam és zokogni kezdtem. Életemben először megosztottam másokkal a velem történteket. Most már semmi nem maradt titokban sem mások, sem magam előtt. Amint a fájdalom, a szégyen és a magányosság érzéseit sikerült szavakba önteni, egyfajta fény és szeretet árasztotta el a mellkasom területét, melyet azelőtt, imádkozásaim során soha nem tapasztaltam. Amikor pedig kinyitottam a szemem, szeretet, együttérzés és tisztelet fogadott, amitől olyan érzésem támadt, mintha az egész világegyetem dalra fakadt volna. Most már magamra is úgy tekintek, mint másokra. Már nem szükséges elrejtenem a szépségemet, nem becsülöm le a határaimat és nem fojtom el az érzelmeimet azért, hogy kegyes legyek a világgal a szemben.

AJÁNDÉKOM SZÁMODRA

Azért jöttem, hogy eláruljam neked, nincs benned semmi olyan, ami szeretetre és tiszteletre méltatlan lenne. Éppen azon részeknek van a legnagyobb szüksége arra, hogy lásd, érezd és kifejezd őket, melyekről azt gondolod, hogy el kell rejtened vagy meg kell tőlük szabadulnod. Semmit ne tolj el magadtól. A végső út a *kegyességhez* az *átlátszóságon* keresztül vezet. Légy hajthatatlanul kegyes a benned lévő érzelmekkel és fájdalmakkal szemben. Azáltal, hogy mindent tiszteletben tartasz, ami benned van, a legküzdelmesebb pillanatokban is meglátod majd a művészetet. Azt veszed majd észre, hogy könnyedén tudsz másokkal is kegyes lenni, kedvességeddel megnyitva szívüket és lelküket. Jelenlétedben az emberek kivirágoznak.

Legbelül a kegyesség dicsőségesen egyedi megnyilvánulása vagy. Amennyiben tiszteletben tartod a szenvedésed, általa felfedezheted ajándékaidat, melyekkel a világ szolgálatába állhatsz.

KONTEMPLÁCIÓT SEGÍTŐ KÉRDÉSEK

- Vannak-e olyan helyzetek az életedben, amikor becstelen vagy önmagaddal vagy másokkal szemben?

- Előfordul-e olyan, hogy kívül kiegyensúlyozottnak, kedvesnek és figyelmesnek mutatkozol, azonban legbelül rendkívül dühös és elutasító vagy, esetleg tiltott vágyak forronganak benned?

- Fojtottál-e valaha magadba dolgokat, melyek utólag robbantak ki belőled? Milyen következménnyel járt ez számodra és a környezetedben élőkre?

- Gondolj azokra a tulajdonságaidra, melyeket rossznak, nem elég jónak, illetve elutasítandónak tartasz. Hogyan tudnád őket átölelni?

- Hogyan tudnál több *kegyességet* gyakorolni a mindennapjaidban?

Ha szeretjük az egyszerűséget, akkor magunk körül is azt fogunk teremteni.

Ajándék: Egyszerűség
Árnyék: Bonyolultság
Szidhi: Kvintesszencia
Programozó partnere: 43

~ Richard Rudd

23

BÖLCSESSÉGEM TÖRTÉNETE

Szüleim a felsőbb osztályt szolgálták. A túlélés érdekében megtanultak láthatatlanok és csendesek maradni. Én viszont nem. Édesanyám szerint, "ami a szívemen, az a számon" hozzáállással születtem. Semmi sem volt kényelmetlenebb számomra, mint a csend, ezért az volt a célom, hogy csúcsra járassam az elmém, hogy ki tudjam tölteni az űrt a beszélgetésekben.

Fiatal nőként az elmém tele volt tudással, tényekkel, idézetekkel és elméletekkel. Bonyolult magyarázatokkal szolgáltam szinte mindennel kapcsolatban. Bárhová mentem, hirdettem az igazságot. Feltételeztem, hogy mindenki tudja, mire gondolok, mintha ők is az én fejemmel gondolkodnának. Nem vettem észre, hogy gyakran rossz időben mondtam rossz dolgokat, vagy hogy nem tudtam senkinek egyenes választ adni.

Egészen addig tartott mindez, amíg egyszer az egyik unokatestvérem őszintén elmondta, hogy fárasztja, ahogy beszélek hozzá. Mondanivalómat annyira szétszórtnak és töredezettnek érezte, hogy nehezen értett meg. Azt is mondta, hogy szavaimmal voltaképpen megbántom az embereket. Ezen megdöbbentem és szégyelltem magam.

Őszintesége azonban a felébredésemet szolgálta. Ekkor elkezdtem hallgatni. Most először életemben eléggé lelassultam ahhoz, hogy meghalljam szüleim történetét, és megértsem azt, hogy mennyire fájdalmas csendben töltötték egész életüket. Arra is rájöttem, hogy fájdalmuk és haragjuk mélyen bennem is ott élt. Egészen addig magamban hordoztam az attól való félelmet, hogy elhallgattatnak, vagy hogy butának és tudatlannak tartanak.

Ma már kevés dolgot szeretek jobban, mint a csendet és az *egyszerűséget*. Az otthonom ugyanolyan rendezett, mint az elmém. A problémák önmaguktól oldódnak meg körülöttem. A nehéznek tűnő dolgok könnyűvé válnak. Amikor figyelek, teljesen jelen vagyok az egész élet számára. Szívesen töltök el napokat beszéd nélkül. Amikor viszont megszólalok, azt a megfelelő pillanatban teszem, lényegre törően és szívből beszélek.

AJÁNDÉKOM SZÁMODRA

Boldog akarsz lenni? Azért vagyok itt, hogy egyszerűségre és lassulásra ösztönözzelek. Nem kell minden problémát megoldanod. Teremts rendet az elmédben és a környezetedben és engedj el minden mást. Figyeld meg, mennyivel könnyedebb lesz a tested, amikor elengeded azt, hogy mindent neked kell kitalálnod. Kérlek bízz abban, hogy az élet minden csomót képes kibogozni. Szemléld az életed magasabb szemszögből. Hány dolog miatt kell valóban aggódni azok közül, amikért izgulsz? Mélyedj el a csendben. Sétálj egyet. Érezd a virágok illatát. Hallgasd a szellőt. És miközben hallgatod, lélegezz mélyen a hasadba és emlékeztesd magad, hogy nem kell mindent az elméddel megoldanod. Próbáld meg elfogadni a pillanatot pontosan olyannak, amilyen... és nézd meg, mi történik. A gondolataid mögött... megtalálod az igazi tudást. Engedd, hogy az intelligens és gyengéd szíved elvezessen az édes *egyszerűséghez*.

KONTEMPLÁCIÓT SEGÍTŐ KÉRDÉSEK

- Hajlamos vagy arra, hogy túlmagyarázz dolgokat a félelmeid miatt, s hogy túl sokat beszélj, vagy rossz dolgokat mondj?

- Tudsz csendben maradni annak ellenére, hogy van mondanivalód? Ritkán osztod meg másokkal a valódi érzelmeid és gondolataid?

- Hol teszed bonyolultabbá az életed, mint amennyire szükséges? Miben lenne szükséged *egyszerűségre*?

- Válassz ki egy életterületet, ahol tisztulásra van szükséged. Fogadd meg, hogy ezen a héten felszabadítasz valamit (gondolatot, érzést, tárgyat, kapcsolatot).

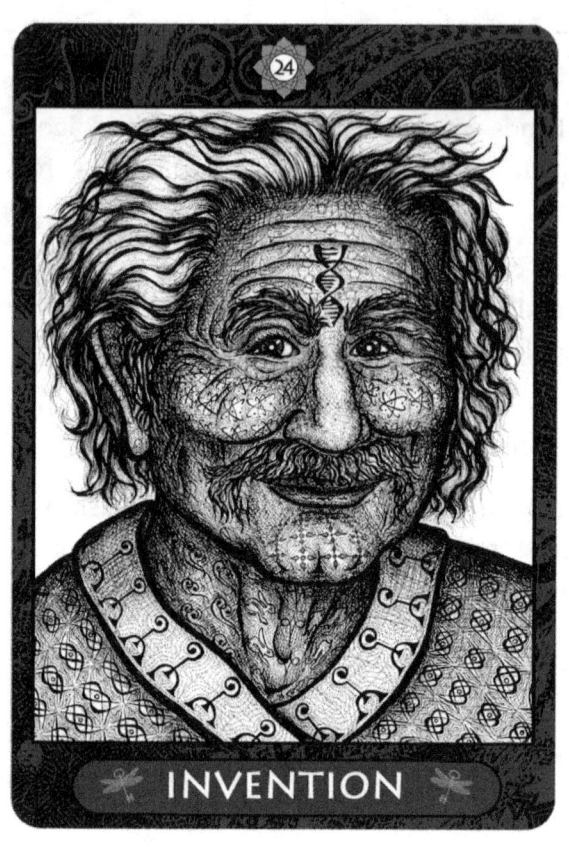

*A 24. ajándék igazán varázslatos,
és a géniuszhoz vezető titkot
tartalmazza. A géniusz sokkal több,
mint laterális gondolkodás -
ez a kvantumugrásokra való képesség.*

Ajándék: Találékonyság
Árnyék: Függőség
Szidhi: Csend
Programozó Partnere: 44

~ Richard Rudd

BÖLCSESSÉGEM TÖRTÉNETE

Érzékeny fiú voltam, kielégíthetetlenül kíváncsi elmével. Mivel nagyon szerettem tanulni és logikusan gondolkodni, a szüleim tanulásra ösztönöztek - a matematikától a kémián át az asztrofizikáig. Szokatlan képességeimet, mint például bizonyos mintázatok előre jóslását, és problémamegoldó képességemet a tanáraim hamar felfedezték és végül a világ is elismerte.

Mire fiatal felnőtt lettem, sokan számítottak az éles elmémre, amivel megválaszoltam a jövőnkre vonatkozó legbonyolultabb kérdéseket is. Ahogy egyre nagyobb lett rajtam a nyomás, egyre kevesebbet hibázhattam és érezhettem. A szabadidőm is kevesebb lett, és már nehezen tudtam jelen lenni. Egyszer egy probléma megoldásán dolgoztam, amikor az elmém a saját köreit futotta. A testem megfeszült és pánikba estem. Megdermedtem. Mivel fogalmam sem volt hogyan küzdjek meg a kudarc és üresség szörnyű érzéseivel, egy üveg bor segítségével lazítottam el az elmém és a testem. Rejtélyes módon az áttörés, amire annyira vártam, spontán megtörtént.

Ezután bármikor, amikor nem tudtam megoldani egy problémát, vagy szorongást éreztem, alkoholhoz nyúltam. Minél nagyobb volt a probléma, annál többet ittam. Mély depresszió és számos krízis kellett ahhoz, hogy felismerjem a függőségem, és elismerjem az igazságot, miszerint nem volt menekvés, sehova nem mehettem. Semmi a külvilágból nem tudta megszüntetni a fájdalmamat, a szorongásomat és az ürességet, amit oly kétségbeesetten próbáltam elkerülni.

Ekkor az elmém intelligenciáját belső világom felé fordítottam.

Arra használtam, hogy megfigyelje önmagát, így egy idő után olyan jól felismertem a saját ismétlődő gondolatmintáimat és gondolatköreimet, hogy azok természetes módon elkezdtek veszíteni erejükből. Valahányszor az elhagyatottsággal, fájdalommal vagy valamilyen ismeretlen érzéssel szembesültem, többé nem toltam el magamtól, vagy zsibbasztottam el magam, hanem belehelyezkedtem. Most már spirálisan gondolkodom, nem körkörösen.

Örülök az ismeretlennek, az élet rejtelmeinek, és eljutottam odáig, hogy többre értékelem a kreatív *találékonyságot* a problémamegoldásnál - bár a problémamegoldó képességeim tovább fejlődnek. A legkreatívabb gondolataim és áttörő felismeréseim gyakran akkor születnek, amikor ellazult állapotban vagyok, álmodozom vagy épp semmit nem csinálok. Mindig meglepődve tapasztalom, hogy bármit csinálok, azt a művészet, a zene, a filozófia, a mitológia és a pszichológia hatja át.

AJÁNDÉKOM SZÁMODRA

Azért jöttem, hogy megosszam veled, a függőség nem csupán a cselekedeteidre jellemző, hanem a gondolkodásodban is megjelenik. Különösen akkor, amikor valamilyen ismeretlen dologgal, a saját elutasításoddal, a fülsüketítő csenddel vagy belső ürességgel találkozol. A gondolataid, a hangjaid, a benyomásaid és a vágyaid közötti térben egész világot betöltő lehetőségek tárulnak fel. Az egyik legnehezebb, de mégis leginkább kifizetődő dolog, amit életed során megtehetsz, hogy átöleled a tudatosságodban keletkező réseket. Ne told el a szorongást magadtól. Ne töltsd fel a réseket. Amint megbékélsz az ürességgel, és megbarátkozol a bizonytalansággal, a *találékonyságra* való képességed, a kreatív gondolkodásod és az életerőd virágzásnak indul.

KONTEMPLÁCIÓT SEGÍTŐ KÉRDÉSEK

- Hogyan küzdesz meg azokkal a pillanatokkal, amikor ürességet és szorongást érzel?

- Milyen szerepet játszik a *függőség* az életedben? Fordultál már olyan segédeszközökhöz, mint az alkohol, valamilyen viselkedés vagy egy cselekvés annak érdekében, hogy eltompítsd magad vagy kitöltsd a belső űrt? Mielőtt valamilyen süteményhez, kávéhoz, sörhöz vagy a tv távirányítójához, telefonodhoz, esetleg a számítógépedhez nyúlnál, tarts 3 perc szünetet, és nézd meg mi történik.

- Életed mely területén érzed magad találékonynak?

- Van valamilyen új dolog, ami szeretne életre kelni benned?

- Találj ma egy egyszerű módot arra, hogy több belső és külső *csendet* teremts az életedben.

A szeretet útja az elfogadás útja. Ahhoz, hogy valamit el tudj magadban fogadni, különösen, ha az egy kellemetlen részed, először fel kell azt ismerned.

Ajándék: Elfogadás
Árnyék: Összehúzódás
Szidhi: Egyetemes szeretet
Programozó Partnere: 46

~ Richard Rudd

25

BÖLCSESSÉGEM TÖRTÉNETE

Szigorú háztartásban nőttem fel, ahol a fiúktól azt várták el, hogy erősek legyenek. Még akkor sem sírhattam, amikor a szeretett bátyám egy betegség következtében meghalt. Minden fájdalmat és sebezhetőséget magamban tartottam és mélyen eltemettem. Fiatalon összeházasodtam egy kedves, érzékeny nővel, aki otthont teremtett nekünk és két fiúval ajándékozott meg. Én gondoskodtam a családomról, de érzelmileg elkerülő és visszahúzódó voltam. Volt idő, amikor a feleségem kérdőre vont, hogy boldog vagyok-e egyáltalán. Mivel nem tudtam, mit mondjak, azt mondtam, hogy jól vagyok.

Mindez addig tartott, amíg az elsőszülött fiamat elveszítettem. A feleségem összetört szíve tajtékzott, mint egy folyó, az enyém viszont jéggé fagyott. Nem hagytam, hogy kimondják a nevét és arra kényszerítettem a feleségem, hogy mindentől szabaduljon meg, ami a fiamra emlékeztet. Aztán a dolgok megszállottja lettem. A házam. A pénzem. A feleségem. A gyermekem. Mind az enyémek voltak. Megtiltottam a feleségemnek és a kisebbik fiamnak, hogy elhagyják a házat. Ha érzelmi gyengeség jeleit mutatták, hideggé váltam, vagy felrobbantam a dühtől. Időnként alig tudtam levegőt venni. Egy olyan ősi félelem árasztott el, mely a napjaim minden pillanatát kitöltötte. Gyűlöltem ezt a félelmet és nekiestem bárkinek, aki erre emlékeztetett. Teljesen elérhetetlenné váltam.

Csak akkor tudtam ezen változtatni, mikor megtaláltam egy fotót az elsőszülött fiúnkról, melyet a feleségem tartott meg, és megláttam a fiam szemében a terrort, mikor kezet emeltem emiatt a feleségemre. Akkor a földre zuhantam és remegni kezdtem, mint egy falevél. Bár nem érdemeltem meg, de a feleségem és a fiam addig tartottak a karjaikban, amíg szívből ki tudtam sírni magam. A légzésem lassulni kezdett. A testem az életem összes szomorúságának utat nyitott. Végül olyan szeretet, fény és lágyság árasztott el mindhármunkat, melyet korábban sosem tapasztaltunk.

Ez a sok éve történt esemény alapozta meg örömteli családi életünket, ami most már tele van szerelemmel, tánccal és misztikus ünnepségekkel. Nézz a szemembe, és érezni fogod azt a szeretetet, ami a legsötétebb sérülésünk *elfogadása, és az elfogadottság* érzése által érkezik a szívünkbe.

AJÁNDÉKOM SZÁMODRA

Amikor a szemedbe nézek, ártatlannak és megbízhatónak látlak. Mindegy, hogy min mentél keresztül az életed során, az optimizmus benned rejtőzik. Tapasztalatból tudom, hogy milyen nehéz igazán - önmagad és másokat- *elfogadni*. Csakúgy, mint én, te is próbák elé leszel állítva életed során. Azért vagyok itt, hogy megnyugtassalak, ha elkötelezed magad amellett, hogy a legmélyebb sebeidet is magadhoz öleled, legyenek akármennyire mélyek és fájdalmasak, meg fogod látni, hogy valójában nincs olyan sérülés ezen a világon, amelyet ne tudnál elviselni vagy átölelni. A nyugtalanság és a harag természetes úton elillan és bárhová mész, a szíved mélyén tudni fogod, hogy hova tartozol. A feltétel nélküli és *egyetemes szeretet* melegségével itatlak át. Igazán értékes vagy.

KONTEMPLÁCIÓT SEGÍTŐ KÉRDÉSEK

- Milyen múltbeli tapasztalatodat nem sikerült még teljesen *elfogadnod*?

- Melyik sebedet nem akarod érezni? Hogyan juttathatnád kifejezésre ezt a sebed? Elmondanád valakinek? Egy versben ki tudnád fejezni?

- Volt már olyan valaha, hogy felszínre engedted a fájdalmat és érezted, hogy jobban tudsz szeretni és mélyebben kapcsolódni a világhoz?

- Mikor tapasztaltál *egyetemes szeretetet*? Milyen érzés volt?

- Ha azt érzed, hogy egy nagy fájdalmat cipelsz, arra kérlek, fogadd el a segítséget valakitől, (egy tanácsadótól, terapeutától, vagy spirituális vezetőtől) aki fogja a kezed, miközben az *elfogadás* felé vezető úton haladsz és felszabadítod a szíved.

A 26-ik ajándék, ítélkezés nélkül, teljes tudatossággal ünnepli az egot.

Ajándék: Leleményesség
Árnyék: Önteltség
Szidhi: Láthatatlanság
Programozó partnere: 45

~ Richard Rudd

BÖLCSESSÉGEM TÖRTÉNETE

Édesapám egy hétköznapi, szorgalmas ember volt. Nincs nyereség fájdalom nélkül, hangoztatta folyton. Soha nem értette meg törekvéseimet, ezért elhatároztam, hogy bebizonyítom, nincs igaza és azt is, hogy büszke lehet rám, én pedig magamra. Híres és megbecsült színész akartam lenni. Ha meg kell csókolnom egy producert, el kell csábítanom a rajongóimat, vagy nyilvánosan kritizálnom kell egy versenytársat, hát legyen. A "tűzön vízen át" stratégiával dolgoztam. Akaratom látnoki erejével kapaszkodtam felfelé a hírnév létráján. Kasszasiker filmekben szerepeltem és minden adandó alkalommal dicsekedtem. A menedzsereim növelték a hírnevem és a botlásaimat egyengették, miközben én a népszerűségemmel törődtem és rajongóim kedvében jártam. A stressz rabja lettem. Egy pillanatra sem tudtam lazítani addig, amíg az immunrendszerem össze nem omlott.

Amint szembesültem azzal, hogy a hírnevem a fizikai állapotommal együtt gyengül, ráeszméltem arra, hogy mennyire rettegtem attól, hogy egyszer láthatatlan leszek, és az életem valójában semmit sem ér. Bűntudatot kezdtem érezni mindazon eseményekért, amikor manipulatív és tiszteletlen voltam azokkal emberekkel, akik számomra gyengének és sérülékenynek tűntek. Kezdtem átértékelni az álmaimat - amikről addig azt gondoltam az enyémek - és mindent, amit a sikerről addig tanultam.

Hála a testemnek, fel kellett adnom az akaratom ráerőltetését a világra és elkezdtem befelé figyelni. Idővel nyugodtabb lettem és a szívemet melegség öntötte el. Immunrendszerem megerősödött, és új szándék született bennem. A világot továbbra is a művészetem által akartam szolgálni, és nem csak azért, hogy bebizonyítsam, értékes vagyok. Kisebb színházaknak kezdtem színdarabokat írni a szeretetről, az életről, az alázatról és az emberiségről. A kreatív folyamat során megélt szenvedélyem a megfelelő emberek figyelmét vonzotta. Életemben először varázslatot éreztem a munkámban. Továbbra is szeretek reflektorfényben lenni, de már nem érzem, hogy saját magamat adom el. Szeretetet nyújtok.

AJÁNDÉKOM SZÁMODRA

Azért vagyok itt, hogy a saját *leleményességedre* hívjam fel a figyelmed. Akkor érkezem, amikor eljött a szívből cselekvés ideje. Milyen lényeges üzenetet szeretnél megosztani a világgal? Hogyan szeretne a benned lévő szeretetet megnyilvánulni? Milyen mélyebb szándék húzódik megnyilvánulásaid mögött? Amikor egy igazán őszinte ajándékot osztasz meg a világgal, tudd, hogy segítesz megszabadulni a félelemtől és hozzájárulsz ahhoz, hogy a világ egy gondoskodó és inspiratív tér legyen. Emlékezz arra, hogy a szándék nem egyenlő az akarattal. Engedd el azt az elképzelést, hogy a céljaidat csak akarattal tudod elérni vagy azzal, hogy az elmédnek adod át a hatalmat. Legtöbbször az elméd nem is tudja valójában mit akarsz. Megkérlek, hogy áss mélyebbre önmagadban és amikor ezt teszed, ne ítélkezz a büszkeséged és az egod felett. Öleld át és ünnepeld őket, mert képesek álmaidat valóra váltani.

KONTEMPLÁCIÓT SEGÍTŐ KÉRDÉSEK

- Hogyan nyilvánul meg a büszkeség az életedben? Nyíltan, rejtetten, vagy burkoltan? Légy őszinte magadhoz.

- Mi az, amit megtanultál gyermekkorodban „önmagad eladásáról" vagy arról, hogy mit jelent sikeresnek lenni? Hol tanultad azt, hogy ha nem használod az akaratod, akkor nem leszel sikeres?

- Mikor gyakorolsz túl nagy nyomást akaratoddal?

- Gondolj egy olyan alkalomra, amikor varázslatos szinkronicitást éltél meg egy kreatív folyamat kapcsán. Milyen magatartást tanúsítottál akkor?

- Mit jelent számodra a *leleményes* élet?

- Keress egy egyszerű módot arra, hogy több varázslatot és könnyedséget vigyél az életedbe.

Amikor az adás kedvéért adunk másoknak, a testünk mélyén egészséges áramlatok aktiválódnak.

Ajándék: Nagylelkűség
Árnyék: Önzőség
Szidhi: Önzetlenség
Programozó Partnere: 28

~ Richard Rudd

27

BÖLCSESSÉGEM TÖRTÉNETE

A népem lenézte az önzőséget. A tiszteletet és a státuszt az énközpontú felhalmozás és az egyéni teljesítmény helyett, bőkezű adakozás és a személyes odaadás által vívták ki. Mióta képes vagyok a kezemben tartani bármit is, azt is megtanultam, hogyan adjam azt tovább. Születésnapok alkalmával megajándékoztam a vendégeimet. Ünnepségeken ajándékokat adtam a tanáromnak és mindenkinek, aki körbe vett.

Amikor fiatal nővé váltam, készségesen és panaszkodás nélkül szolgáltam a családom. Volt olyan idő is, amikor elvárták tőlem, hogy adjak és én azt éreztem hasznot húznak belőlem, és nem értékelnek. Annak ellenére, hogy belül dühösnek és megbántottnak éreztem magam, mégis adtam. Mert így jártak el a jó közösségi tagok. Néha azon kaptam magam, hogy azért adok, mert titokban valamit elvártam cserébe másoktól - a tiszteletüket, a szeretetüket, az imádatukat, a hálájukat.

Egy alkalommal az egész falunak több napon át főztem, miközben a valódi vágyam az lett volna, hogy a testvéreimmel úszhassak a folyóban. Az önfeláldozásomat észre sem vették és alulértékelték. Anélkül, hogy tudatosult volna bennem, a frusztrációimat az általam készített tortillákba töltöttem. Miután a résztvevők közül többen rosszul lettek, szörnyen éreztem magam. Amikor be akartam vallani az idősebbeknek, hogy az önző szívem mérgezte meg az ételt, akkor a nagymamám - aki egy profi kertész volt - felállt és azt mondta a közösségnek, hogy nem gondozta megfelelően a kukoricát, ezért az ő hibája, ha valaki rosszul lett. Aztán rám kacsintott, és a folyó irányába mutatott. Aznap este, miközben úszkáltam és felnéztem a holdra, rájöttem, hogy a nagymamám tanította meg nekem, mit jelent igazán *önzetlennek* lenni.

AJÁNDÉKOM SZÁMODRA

Itt az ideje, hogy őszintén megvizsgáld az adakozáshoz való viszonyod. A szívedből adsz vagy az erődet adod át? Ragaszkodás nélkül adsz vagy egy rejtett elvárás van benned? Mit tanultál életed első 7 évében az *önzőségről* és az *önzetlenségről*? Arra kérlek, hogy légy intuitív, amikor adsz. Olyan ügyekbe és emberekbe fektess, akik termékenyek és hasznát veszik annak az ajándéknak, amit kapnak. Ha dühösnek és megbántottnak érzed magad, akkor ne adj. Még ne. Várj addig, amíg a szíved megnyílik. Gyakorold a kedvesség spontán megnyilvánulásait, amikor csak lehetséges. Az őszinte önzetlenséged több örömet és bőséget hoz majd az életedbe, mint amennyit valaha el tudtál képzelni.

KONTEMPLÁCIÓT SEGÍTŐ KÉRDÉSEK

- Hol áldozod fel magad egészségtelen módon? Hol adakozol úgy, hogy cserébe elvársz valamit?
- Volt már olyan, hogy túl sokat adtál magadból és aztán megbántad? Hogyan tudnál jobban odafigyelni magadra, hogy aztán teli csuporból tudj meríteni, amikor adsz?
- Hol és kivel érzed nehéznek egészséges határokat húzni?
- Hol és kivel bizonyulsz *önzőnek*?
- Ha nem éreznéd magad vétkesnek, mit csinálnál máskepp? Vagy mit csinálnál kevesebbet?
- Mikor és milyen cselekedeted során érezted magad a *legönzetlenebbnek*?
- Miért érzel most őszinte hálát? Írd le a naplódba.
- Tegyél meg valami kedveset valakiért ma anélkül, hogy a másik tudna róla. Jót fog tenni az egészségednek.

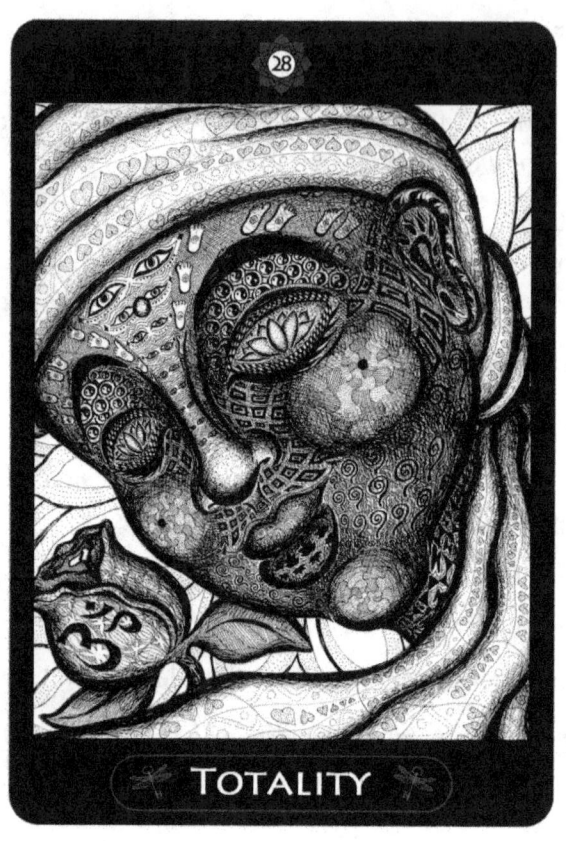

Komoly borzongással tölthet el bennünket az, amikor fokozatosan szembe találjuk magunkat belső démonainkkal

Ajándék: Teljesség
Árnyék: Értelmetlenség
Szidhi: Halhatatlanság
Programozó Partnere: 27

~ Richard Rudd

28

BÖLCSESSÉGEM TÖRTÉNETE

Érzékeny és félénk gyerek voltam. Körbenéztem, és mindenhol veszélyforrást láttam. Elveszíthetem egy szerettemet. Földrengés lehet. Robbanhat egy bomba. Leeshetek és megüthetem magam. Megbetegedhetek. A szívem megszakadhat. Akárhova néztem, bizonytalanságot éreztem.

Ahogy idősebb lettem, az életnek, vagy inkább a halál elkerülésének megszállottja lettem. Először a biztonságra és túlélésre fókuszáltam. Keményen dolgoztam azért, hogy egészséges maradjak, hogy pénzt keressek, hogy felépítsem az otthonom, és hogy a társadalom tisztességes polgárává váljak. Annak ellenére, hogy boldognak és könnyednek tűntem mások számára, belül üresnek éreztem magam. Mélyen tudtam, hogy többre vagyok hivatott, de féltem tenni érte. Vártam egy megérkezett állapotra, ami sosem érkezett el.

A félelmeim minősége változásnak indult. Kevésbé aggódtam az egzisztenciám miatt és többet azért, hogy az életemnek nem volt értelme. Ekkor kezdődött az éjszaki terror. Amint lehajtottam a fejem, üldözésbe vettek, gonosz szellemek csaptak le rám és természeti katasztrófák áldozata lettem. Kerültem az alvást, féltem becsukni a szemem. Helyette tágra nyílt szemekkel és meggondolatlanul vetettem bele magam egyik tevékenységből a másikba azzal a szándékkal, hogy értelemmel és biztonságérzettel töltsem fel az életem. Bárcsak több kockázatot vállalnék, vagy többet megtehetnék, vagy gyorsabban, gondoltam akkor.

Aztán vettem egy biciklit és bukósisak nélkül végigtekertem az utcán. *Kockázatos* viselkedésem miatt kórházban kötöttem ki. Arra kényszerültem, hogy hónapokig csendben legyek, csukott szemekkel, miközben semmi más társaságom nem volt, kizárólag a saját belső démonjaim. Ahogy mozgásképtelenül feküdtem, kénytelen voltam szembenézni a félelmek sokaságával, amelyek elől gyermekkorom óta menekültem. Félelmek a fájdalomtól, az örömtől, a múlttól, a jövőtől, a kudarctól, a sikertől, az élettől, a haláltól, a nemléttől, az *értelmetlenségtől*. A legszokatlanabb dolog akkor történt, amikor teljesen átadtam magam a félelemnek. Minden érzékszervem felerősödött, megmagyarázhatatlan életteliség árasztotta el a szívem és elragadott a lelkem örökkévaló természete.

Attól a pillanattól kezdve bíztam az életben, és akármit is hozott, feltétel nélkül adtam át magam neki.

AJÁNDÉKOM SZÁMODRA

Itt az ideje, hogy abbahagyd az életed elodázását és teljes egészében magadhoz öleld a fájdalmat éppen úgy, mint az örömöt. A *teljesség* ajándékát adom neked. Arra kérlek, hogy teljesen add át magad az *élet* misztériumának. Most csukd be a szemeidet. Légy nyugodt. Hallgass egyre kifinomultabban. Fordulj önként a sötétség felé. Hamarosan rá fogsz jönni, hogy démonjaid csak álcázott isteni hírnökök. Amint teljes szívvel megbarátkozol a nehézségekkel, egyre szabadabbnak érzed magad. Amikor többé már nem félsz a haláltól, akkor készen leszel arra, hogy azt tedd, ami a feladatod itt a Földön - hogy a szíved arany pecsétjével egy örök nyomot hagyj ezen a bolygón. Élni annyit jelent, mint itt lenni. Most. Teljesen. Ez minden.

KONTEMPLÁCIÓT SEGÍTŐ KÉRDÉSEK

- Van egy belső démonod, akivel nem akartál szembenézni?
- Állandóan mozgásban vagy?
- Kockázatos viselkedést tanúsítasz annak érdekében, hogy elkerüld a belső érzéseidet?
- Rettegsz attól, hogy csendben légy? Mitől félsz?
- Folyton az életcélodat keresed? Már tudod, hogy mi az, de nem kezded el követni?
- Mikor érezted utoljára, hogy mélyen összhangban állsz a céloddal? Vagy azt, hogy a létezés *teljességével* állsz kapcsolatban?
- Írd meg a saját gyászbeszéded. Találj egy kreatív módot arra, hogy megbecsüld a *halhatatlanságod*. Oszd meg amit leírsz valakivel, akit szeretsz.

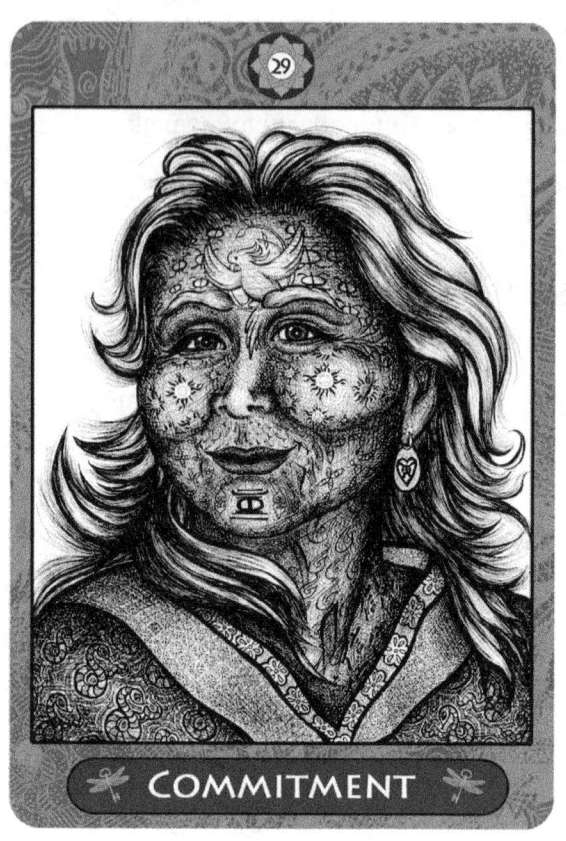

A tiszta döntést úgy érzékeljük, mint egy egész lényünkön végig vonuló erőteljes, nyugodt, meleg érzést.

Ajándék: Elköteleződés
Árnyék: Kedvetlenség
Szidhi: Odaadás
Programozó partnere: 30

~ Richard Rudd

29

BÖLCSESSÉGEM TÖRTÉNETE

A szüleim mindig szabad madárnak hívtak. Így fejezték ki finoman azt, hogy egy megbízhatatlan különc voltam. Románcról románcra, helyszínről helyszínre, karrierről karrierre vándoroltam. Mindig valami olyanba kezdtem bele, amit aztán nem tudtam befejezni. Így aztán mikor találtam egy szociális munkát és egy nekem való csodálatos szervezetet, mindenki el volt ragadtatva, beleértve saját magamat is.

Évekig dolgoztam ezen a helyen. Fejlődtem a szervezeten belül, szerettem az embereket és értelmet nyert az életem. Azonban hét év után túlzottan elkötelezettnek, kiégettnek és szétesettnek éreztem magam. Szívem szerint már nem vágytam rá, hogy ott legyek, és valami sokkal kreatívabb dologgal akartam foglalkozni. Arra vágytam, hogy több intimitásnak legyen helye az életemben. Kollégáim és a vezetőség észre sem vették, hogy félgőzzel végzem a munkám. Hazudtam nekik, és hazudtam magamnak.

Ugyanakkor a távozás gondolatától megrémültem. Szükségük volt rám és nem mertem megkockáztatni, hogy felmondjak, megbukjak vagy megbízhatatlannak tűnjek. Így csak vártam és vártam. Minden alkalommal irigykedtem, amikor valakinek volt bátorsága otthagyni az ügynökséget és követni az álmait. Mintha mellékvágányról néztem volna a többi ember boldogságát, miközben én csak sodródtam. Egyre inkább csapdába esettnek éreztem magam. Ugyan nélkülem ki tréningezné az új embereket?

Végül egy alkalommal, miután fél liter kávét véletlenül az asztalomon egy óriási halom papírmunkára borítottam, észbe kaptam.

Az időzítés sosem okozhat jó érzést. Soha nem garantálhatom, hogy a következő lépésem sikeres lesz. Nem szabhatom meg, hogy mások mit gondoljanak rólam. Hirtelen melegség öntött el és már tudtam mit kell tennem. Következő nap felmondtam. Annak ellenére, hogy azóta is szeretettel gondolok a vállalatnál töltött időre, egyszer sem néztem vissza és semmit nem bántam meg.

AJÁNDÉKOM SZÁMODRA

Azért vagyok itt, hogy engedélyezzem, hogy IGEN-t mondj az életre. Hogy teljesen megbízz benne. Itt az ideje, hogy semmit ne tarts vissza. Ne aggódj azért, hogy mások mit gondolnak vagy mit feltételeznek rólad. Óvakodj attól, hogy erődet átadd akár egy tanárnak, gurunak vagy a rendszernek. Ha elindultál saját utadon, repülj bátran és vakon. Ne feledd, hogy kevés egészségtelenebb dolog van a *kedvetlenségnél*. Akár siker, akár bukás legyen osztályrészed, tedd azt teljes szívedből. Állj ki döntéseid mellett. Bízz meg belső intuíciódban. Becsüld meg a tapasztalataid és kapcsolataid alakulását, azok teljes, természetes beteljesüléséig. Ha így teszel, nem kell aggódnod a jövőd miatt, álmaid elvetett magja elköteleződésed szívében rejlik. Minden az utazásról szól.

KONTEMPLÁCIÓT SEGÍTŐ KÉRDÉSEK

- Életed mely területén érzed magad túlságosan elkötelezettnek?
- Hol érzed magad rabszolgának, kihasználva vagy bántalmazottnak?
- Mi az, amit úgy érzel, be kell fejezned? Legyen az munka, kapcsolat vagy életút.
- Mi az, amitől félsz, hogy bekövetkezik, ha követed vagy alkalmazod azt, amit igaznak vélsz?
- Hol hiányolod az elköteleződést? Milyen helyzetekben vagy kedvetlen? Igent mondasz, de aztán nem cselekszel? Frusztráció, félelem, harag áll ezen könnyelműség mögött, amit nem tudsz teljesen uralni?
- Hogyan tudnál lelked szükségletei mellett mélyebben elköteleződni?
- Gondolj életed olyan időszakára, amikor odaadást tapasztaltál.
- Életed mely területén vagy elégedett az elköteleződéssel? Készíts ezen tapasztalataidról napló feljegyzést.

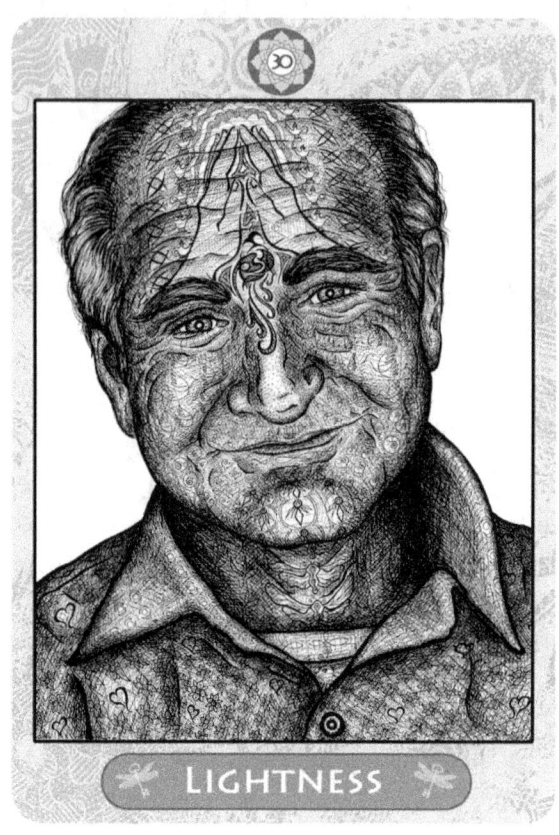

*Amint azt végül minden
ember megtanulja,
a vágyak ciklusa örökké tart*

Ajándék: Könnyedség
Árnyék: Vágy
Szidhi: Elragadtatás
Programozó Partnere: 29

~ Richard Rudd

BÖLCSESSÉGEM TÖRTÉNETE

Azt mondják, egy rakéta sebességével bújtam ki édesanyám méhéből, majd olyan gondoskodást kaptam, mint egy kis bálna. Amint beszélni kezdtem, mindenkit megnevettettem. Mikor járni kezdtem, mindig olyan helyekre szaladtam, ahova nem volt szabad. Az élet minden egyes részletét fel akartam felfedezni. Kamaszkoromban ez azzal járt, hogy faltam az életet, majd fiatal színésznek álltam. Meg akartam tapasztalni milyen érzés, amikor megtapsolnak. Imádtam, hogy bárki és bármi bőrébe belebújhattam, amit csak megálmodtam. Hamarosan az volt a vágyam, hogy gazdag és híres legyek. Sokáig ezt próbáltam megvalósítani. Szórtam a pénzt, mint a rágógumi papírját és gyűjtöttem a rajongókat.

Ezek a komolytalan idők azonban csak üressé és magányossá tettek. Az érzékeny lelkem valami különbre és mélyebbre vágyott. Minden egyes ajándékomat használni akartam, hogy még nagyobb hatást érjek el. Hamarosan az egész világon ismertté váltam. Mégis mindegy volt mennyire nagy és kihívást jelentő eredményeket értem el, én akkor is többet akartam.

Egy darabig azt gondoltam, hogy akkor lennék boldog, ha megtanulnék teljesen ráhagyatkozni az ösztöneimre. Amikor már ezt is mesteri szintre fejlesztettem, akkor minden vágyam az volt, hogy az előadásaim hatására az egész emberiség szelleme felemelkedjen. De még ekkor sem tudtam elengedni azt a rettenetes érzést, hogy többet akartam. Ez egészen addig tartott, míg a bennem égő tűz teljesen felégetett. Depresszióssá és túl komollyá váltam. Az egyetlen *vágyam* az volt, hogy véget vessek a *vágyamnak*.

Ekkor fedeztem fel a buddhizmust és órákon át meditáltam, hogy eggyé váljak a mindenséggel és véglegesen átalakítsam a soha véget nem érő fájdalmamat. Azonban hamarosan rájöttem, hogy ez is egy *vágy* volt. Bármit tettem, a *vágy* nem múlt el.

A változás abban a pillanatban következett be, amikor szembenéztem a vágyammal, beismertem a vereséget, és elfogadtam, hogy a vágy nem fog eltűnni. Elindultam a megvilágosodás útján, de nem a szó elrugaszkodott értelmében. Őszintén elengedtem az életem feletti kontroll gyakorlását. Teljesen átadtam magam az életnek, még a legfájdalmasabb részeinek is, beleértve a saját vágyaimmal kapcsolatos teljes tehetetlenségemet, és az azt követő elkerülhetetlen csalódásokat is. Végre szabad lettem.

AJÁNDÉKOM SZÁMODRA

Jó és rossz híreket hoztam neked. A rossz hírem az, hogy sorsod irányítása nem a te kezedben van és a vágyaidtól sem tudsz megszabadulni. A jó hírem: amint elfogadod ezeket a rossz híreket, szabad utat engedsz az életbe vetett bizalomnak. Itt az ideje, hogy teljesen átérezd a *vágyaidat* és felismerd, hogy érezni őket nem jelenti azt, hogy válogatás nélkül reagálsz is rájuk, vagy hogy el kellene fojtanod őket. Beengedhetsz egy vágyat az életedbe anélkül, hogy hagynád, hogy eluralja az életed. Embernek lenni egy valódi utazás, az élet pedig egy igazi játék. Komédia és tragédia egyszerre. Te is élvezheted ezt az utazást. Legyen humorérzéked. Ne tégy úgy, mintha alig élnél. Ezzel a hozzáállással nem lesz már szükséged arra, hogy félj a saját érzéseidtől, legyenek azok akármennyire fájdalmasak. Az elragadtatás fénye a szemeiden keresztül minden pillanatban sugározni fog.

KONTEMPLÁCIÓT SEGÍTŐ KÉRDÉSEK

- Életed mely területét veszed túl komolyan?
- Bizonyos elvekhez való ragaszkodásod megakadályozza, hogy felfedezd az igazi szenvedélyeidet? Lehetséges, hogy néhány általad megtagadott vágyad nem is olyan rossz, félelmetes vagy egészségtelen, mint ahogy azt elképzelted?
- A vágyaid irányítanak?
- Gondolj egy olyan személyre, aki számodra megtestesíti az *elragadtatott létezőt*.

*Ha tényleg tudni akarjuk,
hogy anyagi síkon napjainkban
mi a siker alapja, akkor azt látjuk,
hogy a szív és a szeretet áll az élen.*

Ajándék: Irányítás
Árnyék: Arrogancia
Szidhi: Alázat
Programozó partnere: 41

~ Richard Rudd

BÖLCSESSÉGEM TÖRTÉNETE

Apám és nagyapám népünk békés hagyományait követték. Soha nem hagyták el szülőföldjüket és szavak helyett példamutatásukkal vezettek. Kisfiúként az állam fogságába kerültem és egy egyházi bentlakásos iskolába kényszerítettek. Ott arra tanítottak, hogy népem pogány volt, az életformánk pedig helytelen. Idővel a lelkem összetört, átengedtem az erőmet tanáraimnak és végül a népemtől is elfordultam. Úgy gondolkodtam, beszéltem és cselekedtem, mint egy fehér ember.

Évekkel később, mikor visszatértem szülővárosomba, megvetéssel és lenézéssel tekintettem a népemre. Gőgösen azt gondoltam, ha a népem fenn akar maradni és véget akar vetni a szenvedésnek, akkor el kell hagynia a régi utat és be kell olvadnia a világba. Színlelt alázattal és bennszülött kifejezésekkel árasztottam el őket. Ígéretes jövőkép és jólét meséjével áltattam őket, amennyiben követnek engem. Beszéd közben elégedettnek és különlegesnek éreztem magam. Apám és nagyapám csak csendben figyeltek. Mikor eljött az ideje, hogy otthagyják a rezervátumot és kövessenek engem, senki sem mozdult. Ehelyett apámra és nagyapámra tekintettek iránymutatásért, arra a két emberre, akiknek semmi szüksége nem volt arra, hogy magyarázkodjon, vagy bárkinek imponálni akarjon.

Amint a nagyapám egyszerű, de hiteles szavakkal képviselve a közösséget felszólalt, engem özönvízként öntött el a fájdalom és a megaláztatás érzése. Nem volt hatásom sem népem valóságára, sem saját szenvedésemre. Miért is követnének engem? Éveket töltöttem népem történeteinek hallgatásával és rögzítésével, annak a népnek, melynek gyerekeit és asszonyait kiragadták otthonaikból és bentlakásos iskolákba kényszerítették.

Sok évvel később, miután már feladtam a vágyat, hogy vezető legyek, azon kaptam magam, hogy fehér emberek szívét megindító történeteimet mesélem, és arra ösztönzöm a népem embereit, hogy szabadítsák fel önmagukat.

AJÁNDÉKOM SZÁMODRA

Azért jöttem, hogy szabaddá tegyelek saját mintáidtól, és hogy tudatosítsam benned, még mindig sokat foglalkozol mások véleményével. Légy őszinte magaddal. Mikor és kivel vagy arrogáns? Hogy forgatod az igazságot, annak érdekében, hogy csodáljanak, becsüljenek, és hogy több hatalomra tegyél szert. Ezeknek a benned működő mintáknak a tudatosításán keresztül tudod életre kelteni a *vezetői* képességed. Ideje, hogy felismerd intellektusod határait. Az igazi vezető nem igényel felsőbbrendű elmét vagy annak elismerését, hogy vezető vagy. Nem követeli meg azt, hogy mindig tudd, mit fogsz mondani. Még csak arról sem szól, hogy megtaláld és kivetítsd a saját hangod. Sokkal inkább azt a képességet tükrözi, hogy képes vagy szívből meghallgatni, és hangoddal képviselni másokat. Nem számít, hogy mit teszel, mit mondasz, mit írsz vagy mit alkotsz, csupán az, hogy *alázattal és szívből* fakadóan teszed azt.

KONTEMPLÁCIÓT SEGÍTŐ KÉRDÉSEK

- Elnyomod-e bármikor önmagad azért, hogy ne tűnj arrogánsnak?

- Időnként átengeded másoknak a hatalmad?

- Tapasztaltad-e valaha, hogy arrogáns vagy? Milyen helyzetekben és milyen érzések bújnak meg az arrogancia mögött?

- Milyen életterületeken vagy vezető? Képes vagy-e arra, hogy képviselj másokat, mélyen meghallgatva és szót adva nekik?

- Alázattal és a szolgálat nevében vezetsz másokat?

- Gondolj egy olyan vezetőre az életedben vagy a világban, akit nagyon tisztelsz. Milyen tulajdonságokat méltányolsz benne? Mi az, amit ma megtehetsz, hogy még inkább olyanná válj, mint az a személy?

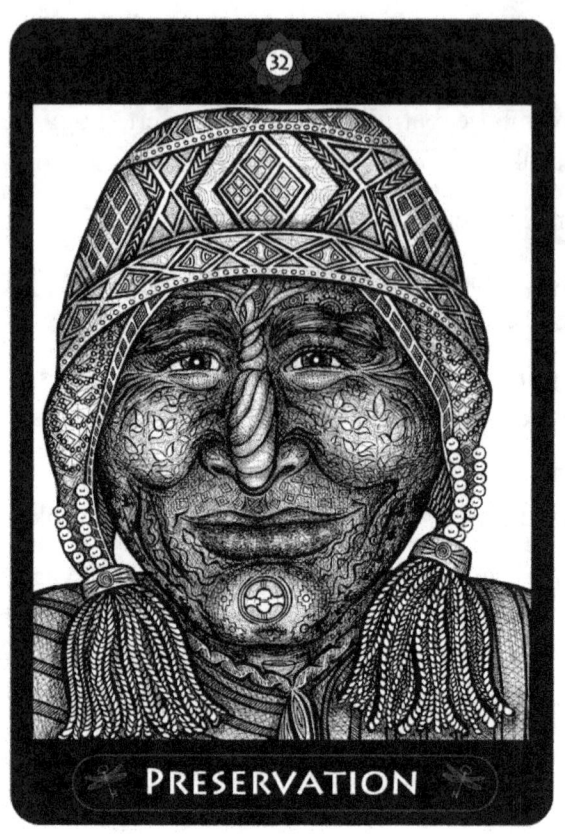

Ha hallgatunk őseink és a bennszülött törzsi kultúrák mély bölcsességére, újra rátalálunk igazi belső szellemünkre és modern technológiánkat ráolthatjuk a régi bölcsességre.

Ajándék: Megőrzés
Árnyék: Kudarc
Szidhi: Hódolat
Programozó partnere: 42

~ Richard Rudd

BÖLCSESSÉGEM TÖRTÉNETE

Az öcsém és én korán beavatást kaptunk a szakrális növényi gyógyítás rejtelmeibe. Az őserdőben, egymás közelében, saját táborainkban éltünk. Mindenkivel megosztottunk mindent, ugyanazt a helyi közösséget szolgáltuk mindaddig, amíg egy külföldi ember részt vett az öcsém szertartásán és világszerte hírét vitte gyógyító képességeinek. Hamarosan a világ minden tájáról érkeztek emberek, hogy együtt dolgozhassanak a testvéremmel.

Először nagyon örültem a sikerének, azonban idővel végignéztem, ahogy a kis tábora egy hatalmas elvonulóhellyé alakul és távoli országokba utazik, hogy megismertesse a gyógymódjainkat és hagyományainkat olyan idegen emberekkel, akik semmit nem tudtak rólunk. Útjairól pedig olyan gyógyító technikákat és tárgyakat hozott, melyeket nem ismertem. Még az is újnak tűnt, ahogy vágta és főzte a növényeket. Növényei olyan fejlődésnek indultak, hogy elkezdtem kényelmetlenül érezni magam.

Szorító érzés és harag tartotta fogva mellkasomat. Azt hittem ez azért van, mert testvérem elárulta őseinket és az én feladatom, hogy megőrizzem a hagyományainkat. Amikor diákjaim érdeklődést mutattak testvérem iránt, úgy reagáltam, mint egy fundamentalista. Megtiltottam, hogy meglátogassák gyógyászati központját és figyelmeztettem őket a romlott életmódjára. Amikor testvérem ajándékokkal árasztott el, elutasítottam. Egy idő után feladta.

Közösségem olyan kicsire zsugorodott, mint a szívem. Lassacskán gyógymódom veszített erejéből, imáim nem működtek, az állatok nem kommunikáltak velem tovább. Szétesettnek éreztem magam. Elvágtam magam a Teremtőtől, mint ahogy a testvéremtől is. Mivel látta, hogy a lelkem szenved, még egy utolsó próbálkozást tett. Sokkolva éreztem magam, mikor megláttam szemében a fájdalmat. Sosem történt azelőtt, hogy az ő lelke is szenvedett. Én magam hiányoztam neki, a szeretetem és az iránymutatásom. Félt attól, hogy visszautasítom a közeledését és elítélem a cselekedeteit. Rájöttem, hogy engem a bukástól való félelem vakított el és ez teljesen homályba taszította a testvérem emberségét. Kezet ráztunk és ettől a pillanattól kezdve, egymás tanárai, diákjai és legjobb barátai lettünk. Ekkor a közösségem és gyógyászatom is virágzásnak indult.

AJÁNDÉKOM SZÁMODRA

Lehet, hogy értelmetlenül hangzik, de igaz. Ha nem tudsz elfogadni valamit, akkor önző vagy. Ha valóban sikeres akarsz lenni, el kell engedned minden sikerrel és kudarccal kapcsolatos elképzelésedet. Nem a pénz és elismerés utáni vágyakozásodon, hanem a bukástól való félelmeden kell felülkerekedned. Azért vagyok itt, hogy bátorítsalak arra, hogy bízz a megérzéseidben és lépj ki a komfortzónádból. A *megőrzés* ajándéka azt jelenti, hogy nem csak önmagadat őrzöd meg, hanem az életet is. Mindez megköveteli tőled, hogy tanulj, és gyökeret verj az őseid által megalapozott bölcsességben. Arra is felszólít, hogy ne félj új dolgokat kipróbálni, abba befektetni vagy valamit befogadni, ami inspirál téged. Eljött az ideje, hogy vess egy pillantást az életedre és meghatározd, hogy ki és mi az, amibe érdemes energiát fektetned és mindenkinek a javára válik. Nézd meg mi az, amit életben tudsz tartani és teljes szívedből légy hálás érte.

KONTEMPLÁCIÓT SEGÍTŐ KÉRDÉSEK

- Életed mely területén virágzol leginkább? Mi vagy ki tudná még jobban hasznát venni a törődésednek, energiádnak és befektetésednek?
- Hol érzed azt, hogy kudarcot vallasz?
- Vannak helyzetek, amikor elszigeteled magad?
- Hajlamos vagy arra, hogy bizalmatlan légy azokkal, akik különböznek tőled?
- Használd megérzéseidet arra, hogy felismerd, kik a valódi szövetségeseid.
- Találd meg azokat a helyzeteket az életedben, amikor ellenálltál a változásnak. Jegyezd fel mit értékelsz a legjobban abban, ahogy a dolgok vannak. Majd lehelj új lelket és életet a régi rutinba.

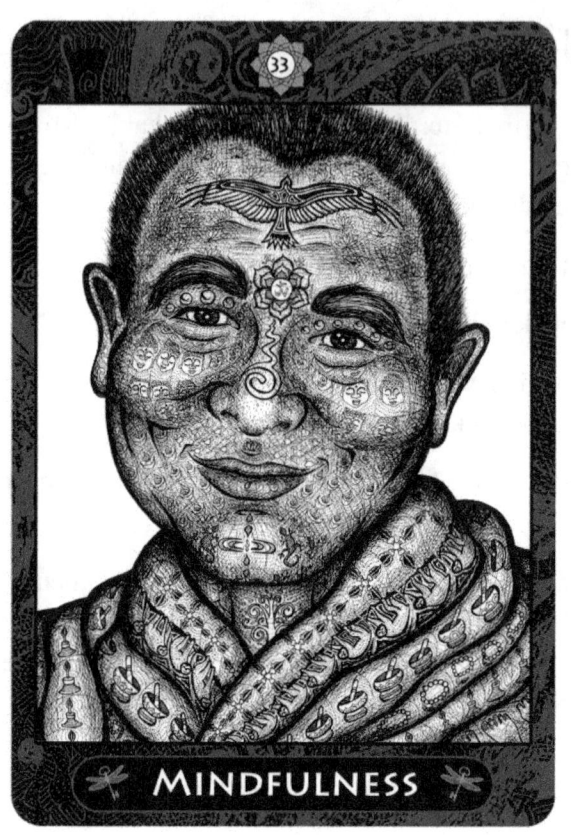

*Nincs a földön olyan helyzet,
amelyet ne lehetne eszközként
használni arra, hogy emeljük a
frekvenciánkat és megnyissuk
szívünket isteni minőségünk felé.*

Ajándék: Tudatos jelenlét
Árnyék: Elfelejtés
Szidhi: Reveláció
Programozó partnere: 19

~ Richard Rudd

BÖLCSESSÉGEM TÖRTÉNETE

Édesanyám dühös asszony volt, aki folyton kijavította apámat és azt gondolta segíti őt azzal, ha megmondja neki, hogyan viselkedjen és mit tegyen. Legtöbb esetben apám fejet hajtott. Néha azonban dührohamai voltak, ami számomra ijesztő volt. Annyi volt a vágyam, hogy elmenekülhessek a nyomás elől és nyugalomra leljek.

Egy nap, egy szerzetes jelent meg a városunkban. Mindössze 4 éves voltam, de megragadtam a lábát és nem akartam elengedni. Olyan érzés volt, mintha mindig ismertük volna egymást. Engedélyt kért a szüleimtől, hogy magával vihessen a kolostorba, amibe ők beleegyeztek annak ellenére, hogy szemlátomást megszakadt a szívük.

A következő néhány évet csendben, emberektől távol töltöttem. Napjaim meditációval, a kolostori feladatok ellátásával és azzal teltek, hogy megpróbáltam elfelejteni a származásom. Minden vágyam az volt, hogy elérjem a felszabadulást és elhagyjam az illúziók világát. Visszafogott ember voltam, aki ideje nagy részét biztonságban, nyugalomban és békében töltötte. Mindez a szüleim első kolostorban tett látogatásáig tartott. A testem és a szívem összeszorult és intenzív, régen elfelejtett érzések árasztottak el. Tanárom gyorsan közbelépett és szigorú hangon figyelmeztetett, hogy legyek együttérző a szüleimmel és szelidítsem meg az egomat. Ekkor azonban, ahogy korábban még sosem tettem, dühösen felemeltem a hangom a tanárommal szemben, védekező álláspontba helyezkedtem, mintha az anyám lett volna, aki megmondja, hogy mit tegyek és hogyan viselkedjek. Amint hirtelen a forróság elöntötte az arcomat, magamhoz tértem.

A harag, amit éreztem, nem irányult sem tanárom, sem szüleim ellen. Ez a történet, amit átéltem, a szenvedés, ami elöntötte egész testemet, olyan ősi volt, mint maga az idő. Néztem, ahogy felforr a vérem és éreztem, hogy összetörik a szívem. Majd ránéztem a szüleim akkor már idős, megtört testére és láttam szemükben a fájdalmat és a zavarodottságot. Ez a látogatás válaszút elé állított és a kolostori életem végét jelentette. Megértem arra, hogy emlékezzek és visszaköveteljem mindazt, ami voltam és mindazt, amivé valaha válhatok. Akkor jött el az ideje annak, hogy visszatérjek a gyönyörű és kusza világunkba.

AJÁNDÉKOM SZÁMODRA

Azért vagyok itt, hogy emlékeztesselek és kiszabadítsalak érzelmi életed fogságából. Bármennyire szeretnéd, nem tudod felgyorsítani a felébredés folyamatát. Engedd meg magadnak, hogy gondolkodj, érezz, vágyakozz, reagálj és elrejtőzz. Ne tilts meg semmit magadnak. Arra kérlek, hogy mindenben légy tudatos. Az első lépés a felébredéshez, hogy ráébredj, eddig aludtál. Ne változtass szokásaidon és szenvedélyeiden, csak ismerd fel őket. „Ah, megint ezt csináltam!". Vedd észre magad, ha megfeledkezel valódi természetedről. Tanulj meg együtt élni a kellemetlenségekkel. Idővel felfedezed majd, hogy valami sokkal csodálatosabb tükröződik a szemeidből, gondolataidból, az elmédből és a cselekedeteidből, mint ahogy azt valaha elképzelted. Végezetül az élet teljessége mutatkozik meg rajtad keresztül. És minden, amit átélsz, az örök *jelenlét kinyilatkoztatása* lesz.

KONTEMPLÁCIÓT SEGÍTŐ KÉRDÉSEK

- Milyen módszerekkel kerülöd az intimitást? Munkába, spiritualitásba vagy valamilyen filozófiai irányzatba menekülsz?

- Néha azon kapod magad, hogy kérés nélküli tanácsokat vagy kritikát osztogatsz, vagy meglepődsz mások reakcióin?

- Ha nem aggodalmaskodnál megvilágosodásod miatt, milyen érzésed, vágyad vagy szükségleted kerülne előtérbe?

- Gyakorold a *tudatos jelenlétet* ma. Egyszerűen figyeld gondolataidat, impulzusaidat, tetteidet, anélkül, hogy megpróbálnád megváltoztatni, irányítani vagy kontrollálni őket. Vedd észre, hogy melyeket a legnehezebb ezek közül semleges együttérzéssel megfigyelni.

*Arról a képességről beszélünk,
hogy a természet erőivel
összhangban cselekedjünk,
ami az erő valódi meghatározása*

Ajándék: Erő
Árnyék: Erőszak
Szidhi: Fenség
Programozó Partnere: 20

~ Richard Rudd

34

BÖLCSESSÉGEM TÖRTÉNETE

Kicsi és sovány fiú voltam, ami miatt egész gyerekkorom során bántalmaztak. A szüleim úgy neveltek, hogy alázatos legyek, ezért mindenhol engedtem, hogy rosszul bánjanak velem. Ahelyett, hogy kifejeztem volna az érzéseim, inkább étellel nyomtam el őket. Ahogy magasabb és súlyosabb lettem, még többet kötekedtek velem. Egy alkalommal valaki bottal fenyegetett meg. Mindenki döbbenetére, különösen az enyémre, olyan fizikai erővel mentem neki ennek a másik embernek, amiről addig nem is sejtettem, hogy a birtokomban van. A következő pillanatban csak azt láttam, hogy a támadóm a földön nyöszörög.

Az iskolában beszélni kezdtek az erőmről. Megfogadtam az egyik tanárom tanácsát, mi szerint kezdjek el szumó birkózást tanulni. A csapatban hamar felfedezték a tehetségem. Hamarosan kiképző táborba kerültem, az életem minden pillanata be lett táblázva és szigorú szabályok szerint éltem. Képességeimet magasztalták, én pedig minden szabályt betartottam. Később azonban rájöttem, hogy a küzdőtéren mégis megszegtem őket. Belenéztem az ellenfelem szemébe és a saját bántalmazott múltamat láttam benne. A düh és a megalázás vágya kerített hatalmába és az időzítésem sem volt megfelelő. Időnként vesztettem, de legtöbbször kiraktak a játékból.

Egy napon az edzőmtől megrovást kaptam az önfejűségem miatt. "Mindent megteszek" szólaltam fel. Átlátott a dühömön és látta a mély szomorúságot a szemeimben. Aztán valami olyat mondott, amit soha nem fogok elfelejteni. *"Az erőszak* az elme szüleménye, de az *erő* a hasadban gyökerezik." Majd azt mondta, hogy a szumó birkózás lényege a harmonikus cselekedet, egy szent lehetőség a hála megtestesítésére, a szív megtisztítására, nem pedig az ellenség kiiktatására való. A küzdőtér egyszerre biztosította számomra a szabadságot és a megfelelő határokat, melyekre szükségem volt. Aztán arra tanított, hogy hagyjam abba az erőlködést, az erőszakot, az ellenállást és a gondolkodást.

A következő években megtanultam annyira átadni magam, hogy ma már mindenhol az ősi erő és tiszta tudatosság táncosaként ismernek. Elképzelhetetlenül elégedett vagyok.

AJÁNDÉKOM SZÁMODRA

Azért jöttem, hogy ráébresszelek a saját *erődre* és hogy arra kérjelek, tisztítsd meg a szíved és szabadítsd fel magad az elmédben dúló háborútól. Vigyázz arra, hogy az embereket magad körül ne tekintsd ellenségnek. Az igazi ellenségeid a saját zabolátlan gondolataid, a reagáló érzelmeid és minden olyan késztetésed, ami a jelen pillanatról eltereli a figyelmed. Itt az ideje, hogy elengedd azt a vágyad, hogy a dolgokat egy bizonyos irányba erőltesd csak azért, mert az elméd úgy diktálja. Maradj nyitott a külső behatásokra. Hangolódj rá a körülötted lévő természeti világra, az élet áramlására, és kezdj el e szerint élni. Kimeríthetetlen erőtartalékkal rendelkezel mélyen, a hasad területén. Ez egy nagyobb erő, mint amit valaha el tudtál képzelni.

KONTEMPLÁCIÓT SEGÍTŐ KÉRDÉSEK

- Félsz a saját erődtől?
- Milyen helyzetekben vagy hajlamos visszafogni az erődet?
- Valaha azt tanultad, hogy erővel kell megszerezned, amire szükséged van? Ez a hitrendszer hogyan befolyásolja most az életed?
- Voltál már valaha (vagy mások voltak-e) meglepődve azon, hogy milyen erős hatással tudsz lenni az emberekre?
- Éltél már meg olyan önátadást valamilyen fizikai aktivitásban, táncban vagy mozgásban, aminek hatására teljesen elvesztetted az időérzéked?
- Emlékezz vissza egy olyan időszakra, amikor megérezted a saját belső *erődet*. Hol voltál? Mi történt? Hogy érezted magad?
- Találj egy olyan képet, ami számodra a valódi *fenséget* ábrázolja. Tedd egy olyan helyre, ahol könnyen elérhető és gyakran láthatod. Írd le minden felmerülő gondolatod.

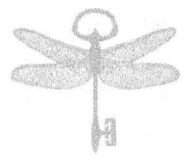

*Nyitott szívvel élni annyit jelent,
mint örökös kalandban élni.*

Ajándék: Kaland
Árnyék: Éhség
Szidhi: Határtalanság
Programozó Partnere: 5

~ Richard Rudd

35

BÖLCSESSÉGEM TÖRTÉNETE

Egy igazán unalmas háztartásba születtem, álmok nélküli szülőkkel, akik robotolva és szolgálatkészen élték az életüket. A kalandoktól való félelmük belém mérhetetlen nyugtalanságot táplált. Fogalmam sem volt, hogy mire vágytam, de többre *éheztem,* és ezt a többet azonnal akartam. Először az ételt pusztítottam el a tányéromról. Aztán alkoholra, nőkre és pénzre *éheztem.*

Miután évekig tömtem a hasam, az ágyam és a bankszámlám, eljött az ideje, hogy az egész világot a magamévá tegyem. Ezért távoli vidékekre utaztam, hogy újabb vagyont és románcokat gyűjtsek. Egész országokat, és az ott élő embereket kebeleztem be ily módon. *Mániákus* voltam, és annyira ki voltam éhezve arra, hogy haladjak előre az életemben és új helyeket fedezzek fel, hogy észre sem vettem, valójában kihasználom a környezetem. De sosem volt elég. Minden potenciálisan új ország, munka vagy nő egy idő után unalmassá vált számomra. Mindig elvártam valamit cserébe és emiatt nem kaptam többet, mint dühöt és csalódottságot.

Egy napon, az egész világtól megundorodva, miközben az utcán sétáltam, az egyik értéktelen gyűrűmet letéptem az ujjamról, és egy fiatal koldus elé dobtam. Bántani akartam őt. Azonban a koldus számára ez a gyűrű hatalmas értéket jelentett, amit ő azonnal fel is fedezett. A szemei csillogni kezdtek, mint a nap sugarai, és olyan hálával nézett rám, hogy a szívem is megállt egy pillanatra. Az élmény hamar feledésbe merült, de pár héttel később a fiú felkeresett és elvitt szerény otthonába, hogy megmutassa a gyűrű mekkora segítséget és feloldozást hozott a családja számára. Nem tudtam ellenállni a szeretetüknek.

Ez volt az a nap, amikor a szívem lett a végső határ. Minél mélyebbre merészkedtem a szívemben, annál többet tudtam befogadni a világ csodáiból. Többet nem irányított az *unalomtól* való félelem. Az ismeretlen iránti szeretetből táplálkoztam és a ragyogó világból, aminek szerény részese voltam. Most folyamatosan a *kaland* állapotában élek. Amikor lehetőségem nyílik adakozónak lenni, megteszem. Nincs nagyobb töltődés annál, mint egy hálás ember csillogó szemeit látni.

AJÁNDÉKOM SZÁMODRA

Azért jöttem, hogy megosszam veled, a külvilágban történő haladásod a belső életed kárára történik. A problémáid nem fognak megoldódni attól, hogy élményekkel, emberekkel vagy tárgyakkal telíted meg magad. Az sem megoldás a problémáidra, hogy éheztetted magad. Itt az ideje, hogy *alázatosan* szembenézz a benned lévő *éhséggel*. Engedd meg magadnak, hogy lásd, mennyire túszul ejtett és hogy milyen sok (ha nem az összes) cselekedeted ebből a kielégíthetetlen vágyból ered. Csakis ezután kezded majd érezni és megtapasztalni azt a szabadságot, amire vágysz. Itt az ideje, hogy feltétel nélkül adj, mert a szabadsághoz, örömhöz és *határtalan kalandhoz* vezető út a feltétel nélküli adakozáson keresztül vezet. Szélesítsd ki a látóköröd és kérdezd meg magadtól, hogy "Mit tudok még adni a világnak?"

KONTEMPLÁCIÓT SEGÍTŐ KÉRDÉSEK

- Unalmas az életed és hiányzik belőle a *kaland*?
- Mindenáron próbálod elkerülni az unalmat azáltal, hogy folyton elfoglalttá teszed magad, vagy örökké a következő felejthetetlen élményt keresed?
- Az éhséged életed mely területén *kielégíthetetlen*?
- Miben éhezteted magad?
- Mikor érezted utoljára, hogy egy igazi *kalandban* volt részed vagy a *határtalanság* érzését élted át?
- Van-e valamilyen belső vagy külső *kaland*, ami jelenleg hív téged?
- Mit mondanál, mi a szíved legnagyobb erőssége?
- Gondolj egy egyszerű, spontán és kedves cselekedetre, amit ma meg tudsz tenni. Tedd meg. Jegyezd fel, hogy milyen érzés volt feltétel nélkül adakozni.

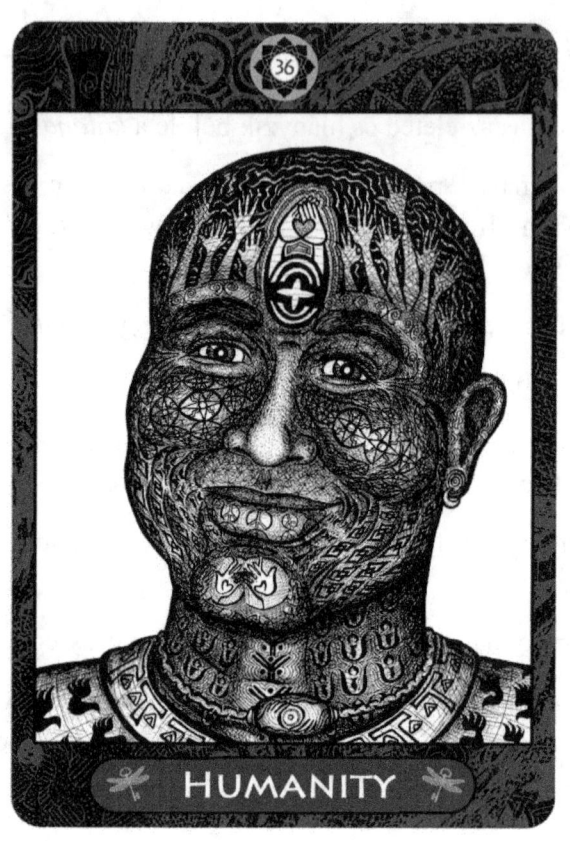

A 36. Ajándék legmélyebb Ajándéka az,
hogy segítse az embereket Emberségessé
válni azáltal, hogy tisztelettel fordulunk
mások felé és a fájdalmunkat átöleljük bármi
is legyen az, ahelyett, hogy az áldozatiság
mélységeibe merülnénk.

Ajándék: Emberség
Árnyék: Turbulencia
Szidhi: Együttérzés
Programozó Partnere: 6

~ Richard Rudd

36

BÖLCSESSÉGEM TÖRTÉNETE

A világ rosszfiúként tekintett az apámra. Így az is lett. Megcsalta az anyámat, rossz természete volt és akárhova ment, káoszt teremtett. Mint a környékünkön a legtöbb férfi, vakmerő volt, mindig túllépte a határokat, bajba keveredett és krízist krízis után vonzott az életébe. Nem akart bántani minket, talán ezért próbálta ezeket a háttérben csinálni és ezért könyörgött annyira megbocsátásért, amikor az anyám és nagymamám végül kirúgták.

Az anyám és a nagymamám erős nők voltak, akik mindent megtettek, hogy felneveljenek és óvjanak engem. Nem voltak könnyű helyzetben, miután a környékünkön állandó volt a háborgás és hol a rendőrök, hol a bandatagok fenyegettek meg minket. Több tragédiát láttam, mint amennyit egy fiatal gyerek valaha is láthat. Néztem a híreket és láttam, hogyan ítélik el az apámhoz hasonló férfiakat. Megfogadtam magamnak, hogy én sosem leszek olyan, mint ő, vagy sosem okozok olyan fájdalmat, amilyet ő okozott.

Tinédzserként, ha mérges voltam vagy sóvárgó, elmentem a nagymamámmal a templomba, hogy meggyónjam a bűneimet. Idővel mégis stresszes lettem és az *idegességem* megbélyegzett. Ugyan belül érzékeny és törődő voltam, kerültem a szemkontaktust, és ravasznak tűntem. Nehezen lehetett megközelíteni, és kevés barátom volt, de a templomban volt egy lány, akiről titokban álmodoztam. Ahhoz túl szégyenlős voltam, hogy megszólítsam, ezért egy nap hazáig követtem, elbújtam egy bokorban és meglestem az ablakon keresztül. Mivel a lány észlelte, hogy van valaki a bokorban, kihívta a rendőrséget.

Óriási szégyent éreztem, amikor az anyám és a nagymamám óvadék ellenében vittek haza a rendőrségről. Ejtették a vádakat ellenem, miután bevallottam, hogy én voltam a tettes. De még így is járnom kellett egy szociális gondozóhoz, akinek volt a szemeiben valami megnyugtató, egy érzés, hogy ő is átélt már hasonlót. Sejtszinten ismerte a szenvedést. Nem csak a terrort, a szégyent és az idegességet látta bennem. Látta a jófiút is. Furcsa és csodálatos volt megtapasztalni, hogy valaki arra ösztönöz, hogy beszéljek az érzéseimről. Azonnal tudtam, hogy egy napon ugyanazt fogom csinálni, amit ő. Meglátni a jóság magvait mindenkiben, akivel találkozom. Belenézek egyenesen a szemükbe és teljes szívemből árasztom feléjük az érzést, hogy pont úgy jók, ahogy vannak, érzéseiktől, kinézettől és származástól függetlenül.

AJÁNDÉKOM SZÁMODRA

Azért vagyok itt, hogy az *emberségedet* ünnepeljem, hogy a veleszületett jóságodra emlékeztesselek és biztosítsalak arról, hogy nem létezik olyan érzés, ami eredendően nem elfogadható, vagy rossz lenne. Mindegy, hogy mit tettél vagy tapasztaltál az életedben, legbelül ártatlan vagy. Ami most számít, az nem az, hogy mit érzel, hanem az, ahogy reagálsz az érzéseidre. Arra kérlek, hogy ne fojtsd el az érzéseidet és ne is reagálj rájuk. Csak tudatosítsd és bármilyen érzelmi vihar nélkül, *együttérzéssel* öleld át őket. Az idegesség csak egy jele annak, hogy valamilyen érzéseid keletkeztek, amelyeknek helyet kell adnod, és át kell ölelned őket. Ne fuss el a fájdalmad elől, mert a fájdalommal egy nagy adag öröm is együtt jár.

KONTEMPLÁCIÓT SEGÍTŐ KÉRDÉSEK

- Az életed mely területén kerülöd a turbulenciát vagy a változást?

- Időnként nehezedre esik ellazulni, befogadni az embereket vagy teljesen megélni a szexualitásod?

- Hajlamos vagy az érzelmi krízisekre?

- Mely érzésekkel kapcsolatban ítélkezel leginkább, mert rossznak vagy szégyenteljesnek gondolod őket?

- Kik azok az emberek az életedben, akik képesek voltak meglátni benned az *emberséget* még akkor is, ha te nem érzékelted saját magadban? Ha jelenleg nem ismersz olyan embert az életedben, aki erre képes, akkor ideje támogatást kérned.

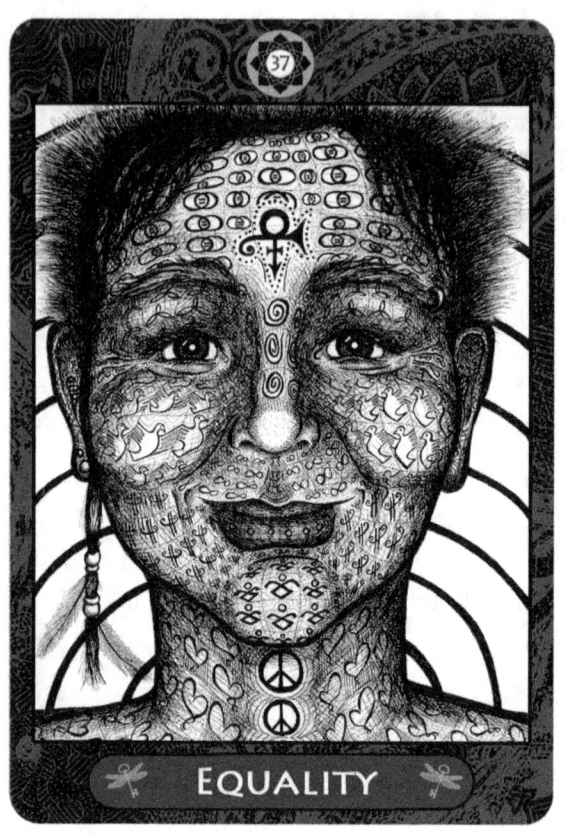

*Az emberi szív nézőpontjából
az egész emberiség egy család.*

Ajándék: Egyenlőség
Árnyék: Gyengeség
Szidhi: Gyengédség
Programozó Partnere: 40

~ Richard Rudd

37

BÖLCSESSÉGEM TÖRTÉNETE

Bár lány testben születtem, legbelül mindig fiúnak éreztem magam. Hagyományos családom volt. Az apám dolgozott. Az anyám gondoskodott a gyerekekről és anyagilag az apámtól függött. Az apám gyakran tiszteletlenül és kegyetlenül bánt vele, mintha gyenge lenne és túl érzékeny, valaki, aki csak látványra szép.

Ahogy egyre idősebb lettem, szembesültem azzal, hogy a hozzá hasonló férfiak uralják a világot. Ezért elutasítottam az apámat, a patriarchátust és a saját férfi oldalamat is. Az anyámmal szemben érzett szolidaritásból, bármennyire fájdalmas vagy rossz érzés volt belül, magamra kényszerítettem a nőiséget. Bár nem tudatosan, de a következő években minden férfias tulajdonságomat arra használtam, hogy idealizáljam és harcoljak a nőiségért. Az volt a vízióm, és azért dolgoztam, hogy egy nők által vezetett világot hozzak létre. Aktivista és szónok lettem, világszinten ösztönözve a nőket eszményképeimmel. Anyagilag is függetlenné váltam és a „nagyfiúkkal" kereskedtem mindenütt a női jogokért és kiváltságokért.

Mindeközben a magánéletemben egy érzelmi roncsnak éreztem magam. Tisztességtelen és kegyetlen vádakkal és az érzelmi feldolgozás kielégíthetetlen igényével folyamatosan elidegenítettem a romantikus partnereimet. Az igazság az volt, hogy mélyen egyetlen dolog volt, amiért harcoltam: az elfogadás. De még magamnak sem tudtam ezt megadni. Túl gyenge voltam ahhoz, hogy megosszam, még inkább ahhoz, hogy uraljam a saját belső érzéseimet vagy a saját életemet. Egyáltalán nem bíztam abban, hogy a romantikus partnereim emberként is szeretnének engem. Nem hittem abban, hogy a világ elfogad egy olyan különcöt, mint amilyen én voltam. Meg voltam győződve arról, hogy ha feminista közösségem felfedezi, hogy valójában hogyan érzem magam belül, akkor már nem vezetőként, hanem kívülállóként, sőt talán ellenségként tekintenek rám.

Amikor már túlságosan fájt a saját magam elől való bujkálás, úgy döntöttem, hogy egy transznemű támogató csoporthoz csatlakozom, egy olyan városban, ahol soha nem ismernek fel engem. A terem hátsó soraiban ültem és csak figyeltem. A saját történetemet hallottam újra és újra különböző emberek által elmesélve. Az ő bátorságuk segítségével tudtam újra kapcsolódni magamhoz: a fájdalmam, a vágyakozásom, a magányom... és a nyomasztó félelmem. A találkozó végén valaki odajött hozzám. Megdöbbenésemre valaki olyan volt, akit ismertem. Támadásra számítottam, de ehelyett a leggyengédebb ölelést kaptam. Abban a pillanatban tudtam, hogy megtaláltam a magamhoz vezető utat, és nem vagyok egyedül.

AJÁNDÉKOM SZÁMODRA

A barátod vagyok. Mélyen tisztellek téged. Nem akarom, hogy másnak mutasd magad, mint ami legbelül vagy. Egy teljesen egyedi, értékes ember vagy, és meg van a helyed a világban. Mély *gyengédséggel* figyellek téged. Itt az ideje, hogy büszkeséggel, alázattal és mély önelfogadással foglald el a helyed a világban. Amikor szembenézel önmagaddal, ismerd fel a *gyengeséged* és sebezhetőséged ugyanúgy, mint az erősségeidet. Amikor a világra tekintesz, láss az ellentétek, nemi sztereotípiák, patriarchátus és matriarchátus mögé. A figyelmed helyezd a szintézisre, a mindannyiunk számára elérhető szépség teljes kontinuumára. Az *egyenlőség* születési jogod. Te és én egy család vagyunk.

KONTEMPLÁCIÓT SEGÍTŐ KÉRDÉSEK

- Van olyan részed, amelyet megtagadtál szeretni? Hogyan tudod legjobban elfogadni és támogatni önmagad minden részét ebben a pillanatban?
- Mit látsz *gyengeségnek* magadban? Meg tudod találni az ebben rejlő erőt?
- Minden embert egyenlően magadhoz tudsz ölelni? Milyen helyzetekben érzed ezt kihívásnak?
- Ha a mai napon *gyengédséggel* tudnál fordulni önmagad felé, hogyan tennéd ezt?
- Legyél ma *gyengéd* valakivel, akinek igazán szüksége van erre.

Idővel a kitartás, a szeretet és a bizalom végül elvezetnek a győzelemhez, és megtapasztalhatjuk isteni minőségünket.

Ajándék: Kitartás
Árnyék: Küzdelem
Szidhi: Dicsőség
Programozó partnere: 39

~ Richard Rudd

38

BÖLCSESSÉGEM TÖRTÉNETE

Még gyerek voltam, amikor elveszítettem a bátyám. Édesanyám ezután mély depresszióba esett. Mivel mindig a tettek embere voltam, mindent megtettem, hogy kihozzam ebből a búskomorságból. De a fájdalom annyira magával ragadta, hogy végül saját maga vetett véget az életének. Hazánkban akkoriban ez a tett elképzelhetetlen volt. Egész testem remegett a dühtől, amikor hallottam, hogy az emberek beszélnek rólunk.

Tehetetlennek éreztem magam a nyomasztó feszültéggel szemben. Bárhol és bármikor harcba szálltam ezzel az érzéssel. Szerettem az érzést, amikor a testem túlfeszült. A harc és a győzelem, a cél és erő érzetét adta. Agressziómat azonban időnként védtelen állatok és fiatalabb testvéreim ellen fordítottam. A küzdelem függővé tett és időnként túlléptem a határokat.

Ahogy idősebb lettem, erős harcossá váltam azzal az ajándékkal, hogy másokat is cselekvésre inspiráltam. Saját érzéseim viszont gyakran elködösítették értékítéletemet. Egy alkalommal egy egész hadsereget vezettem háborúba csak azért, mert egy másik városból valaki megsértette édesanyám becsületét. Sok embert ítéltek el és öltek meg az én kezdeményezésemre. Mielőtt egy újabb támadásba lendültünk volna, az ellenség városából szaladt felém kétségbeesetten egy fiatal fiú, aki az elhunyt testvéremmel lehetett egykorú, és a derekamat átölelve, sírva könyörgött, hogy fejezzük be a harcot. „Miért harcolunk? Nem értem." Ahogy a kérdései süket füleimen és a kemény szívemen áthatoltak, felébredtem.

Újra lélegezni kezdtem. Egészen addig nem tudatosult bennem, hogy éveken keresztül mekkora nyomás volt a lelkemen. Az igazság az, hogy abban a pillanatban felfogtam, ha édesanyám élne, soha nem engedte volna, hogy ártatlan embereket támadjak az ő becsülete miatt. Már eddig is túl sok szenvedés és bánat uralkodott városunkban. Én pedig ott álltam a fiaként, harcolva mindenféle értelmetlen dologért. Nem tiszteltem senkit. Ekkor tudatosult bennem az a mélyen belém égett gondolat, melyet egykor elhittem, hogy ha nincs miért harcolnom, akkor eltűnők, mint az anyám és a bátyám. Ezt követően minden megváltozott. Szárnyaim alá vettem azt az édes kisfiút, és most már csak olyan ügyekért harcolunk, melyek az egész emberiséget és a Földet is szolgálják.

AJÁNDÉKOM SZÁMODRA

Azért vagyok itt, hogy a benned élő szent harcost hívjam elő. Ez a *kitartás* ideje. Annak érdekében, hogy te lehess a hősies gyenge fél. Ne add fel a küzdelmet. Légy biztos abban, hogy a megfelelő harcot vívod. Az akadályok az élet természetes részei. Azért jelennek meg, hogy teszteljék az elkötelezettséged, csiszolják a képességeid, növeljék az élénkséged és felfedjék az életcélod. Itt az ideje, hogy átöleld a kudarcélményeidet. Engedd, hogy azok erősebbé, ellenállóbbá és rugalmasabbá tegyenek. Képes vagy arra, hogy egy háborút tánccá varázsolj, és hogy a szeretteidet az áldozatszereptől való megszabadulásra buzdítsd. Amikor a félelem helyett a szeretet nevében harcolsz, akkor mindenki győzelmet arat. Nem szükséges túlgondolni a dolgokat vagy azért aggodalmaskodni, hogy mások mit gondolnak rólad. Most menj, és találj egy ügyet, melybe teljes szíveddel, testeddel és lelkeddel vetheted bele magad.

KONTEMPLÁCIÓT SEGÍTŐ KÉRDÉSEK

- Az életed mely területén harcolsz önmagaddal? Vezetett-e az önhibáztatás és az önkritika az erőd elvesztéséhez vagy kimerüléshez?
- Egy méltó célért sem mernél harcolni?
- Hajlamos vagy rosszul megválasztani azt, hogy miért vagy kiért harcolsz?
- A harcos szellemed időnként ellehetetleníti a kapcsolataidat?
- Milyen méltó célért lenne érdemes harcolnod?
- Gondolj egy olyan időszakra az életedből, amikor kitartó voltál és az eredmény boldoggá tett. Mi kellett ehhez?
- Állj ki ma valaki, vagy valami mellett. Dicsőítsd azt, ami igazán számít.

Ha azt teszed, amit igazán szeretsz, akkor a kreatív lendületed életre kel, és minél kreatívabb vagy, annál több energiához jutsz.

Ajándék: Lendület
Árnyék: Provokáció
Szidhi: Felszabadulás
Programozó Partnere: 38

~ Richard Rudd

39

BÖLCSESSÉGEM TÖRTÉNETE

Az apámra mindenki szentként tekintett. A templomban dinamikus és szenvedélyes prédikátor volt. Otthon viszont szigorú, mogorva és provokatív. Nem játszhattunk úgy, mint a többi gyerek. Tanulmányoznunk kellett a szentírásokat és segíteni kellett a templom körül. Ha rosszul viselkedtünk, vagy gyerekesek voltunk, tüzes kárhozattal fenyegetett minket. Pontosan tudta, mit és hogyan mondjon ahhoz, hogy Istenfélelmet keltsen bennünk.

Míg a testvéreim passzivitásba, fásultságba és dermedtségbe burkolózva bólogattak mindenre, én dühösnek és csapdába esettnek éreztem magam. Nem tudtam befogni a szám, és folyton álszentnek neveztem őt. Egyszer azt kiabáltam, hogy "nem vagy szent! A te gyerekednek lenni egy pokol!" A szavaim annyira szíven ütötték, hogy egy szíjjal bántalmazott. Ezek után bocsánatkérés helyett azt mondta, hogy csak engem akart távol tartani a bajtól, és a kárhozattól. De én nem fogadtam el a kifogásait.

Mikor elköltöztem otthonról, megfogadtam, hogy soha nem leszek hozzá hasonló. Amikor férfi lett belőlem, arra használtam a szabad számat, hogy kritizáltam a vallási nézeteit és védtem a saját választásaimat. Azt, ahogy élek és ahogy szeretek. Annak ellenére, hogy nem is találkoztunk, éveken keresztül súlyos hatalmi harcban álltam az apámmal. Aztán kaptam egy telefonhívást. Az apám haldoklott. Eljött az ideje, hogy elköszönjek tőle. Besétáltam a hálószobájába és ő ott feküdt, olyan elesetten és soványan, hogy annak az embernek, akivel korábban olyan hevesen harcoltam, nyoma sem volt már. Beszélni nem tudott, csak rám nézett és mosolygott.

Életemben először megláttam benne a gyermeket, akit sosem hagytak játszani. Megláttam benne a szeretetet és a szomorúságot, megértettem, hogy miért bánt rosszul velem, és az arra irányuló vágyát, hogy megvédjen engem attól a fájdalomtól, amit neki át kellett élnie. Felfedeztem a szerethető, emberi oldalát. A következő 39 napban nem mozdultam el mellőle. Történeteket olvastam neki, játszottam vele és énekeltem neki. És nevettünk. Amikor elénekeltem a kedvenc egyházi énekét, amelyikre már alig emlékeztem, ő békésen elaludt.

Apám halálának napja volt az a nap, amikor a kreativitás és a szenvedély tüzét újra a lelkembe fogadtam. Ma már prédikátor vagyok azzal az áldott céllal, hogy felébresszem az emberekben - az Istentől való félelem helyett - az Isten iránti szeretetet. A szívemből az apám szelleme szól és a mi közös szavaink szabadítják fel az embereket.

AJÁNDÉKOM SZÁMODRA

Azért jöttem, hogy elmondjam neked, nem számít, hogy mit hozol a múltadból. Minden egészségtelen minta kijavítható. Hozzájárulhatsz a világban uralkodó erőszakhoz azáltal, hogy másokat provokálsz és hagyod magad provokálni, vagy felfedezheted a szenvedélyeidet és felszínre hozhatod a *lendületedet* - a *géniuszodat* - csupán azáltal, hogy megengeded magadnak a létezést és a játékot. Emlékezz, hogy a géniusz nem egy szokatlan jelenség. Nincs köze a tudáshoz vagy az elméhez. Akkor tör felszínre, amikor megengeded magadnak, hogy azt csináld, amit szeretsz. Itt az ideje, hogy szélesítsd a látótered - és kiterjeszd a lélegzeted. Ha provokálsz bármit is a környezetedben lévő emberekben, akkor az legyen a kreatív oldaluk és a szabadságérzetük.

KONTEMPLÁCIÓT SEGÍTŐ KÉRDÉSEK

- Miben érzed magad a félelmeid által csapdába esve vagy bebörtönözve?

- Gyermekkorodban élvezhetted és kifejezhetted a saját *lendületedet* és életerődet, vagy azt tanították, hogy el kell fojtanod őket?

- Tapasztaltál már olyat, hogy a dühöd a jobbik oldaladat hozta ki belőled? Az emberek a környezetedben időnként azt érzik, hogy provokálod őket és nem értik, hogy miért?

- Mikor érezted magad utoljára igazán *felszabadultnak*?

- Gondolj valamire, amit szeretettel csináltál vagy játszottál, amikor gyerek voltál (7 évnél fiatalabb). Fordíts ma időt erre a tevékenységre. Figyeld meg, milyen érzéssel tölt el.

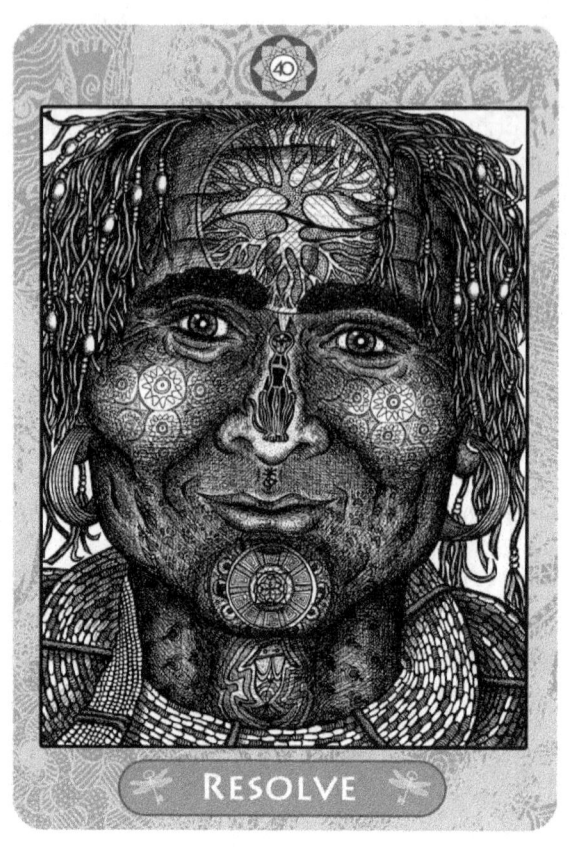

*A 40. ajándék, az elszántság,
arról szól, hogy megtanulunk
adni magunknak.
Mindez végső soron
a mély fizikai ellazulásról szól.*

Ajándék: Elszántság
Árnyék: Kimerülés
Szidhi: Isteni akarat
Programozó Partnere: 37

~ Richard Rudd

BÖLCSESSÉGEM TÖRTÉNETE

Többezer éves múltra visszatekintő spirituális és művészi hagyományokat őrző családba születtem. Kisfiúként elraboltak a szüleimtől és rabszolgaságra kényszerítettek. Gazdám kizárólag megvetést tanúsított irántam. Állatként kezelt és látott engem. Úgy tudtam túlélni, hogy fáradhatatlanul, panasz nélkül adtam magamból.

Amikor megvertek azért, mert nem dolgoztam elég keményen, akkor még keményebben kezdtem dolgozni. Engedelmességem és szokatlan erőm miatt egyre nagyobb felelősséget ruháztak rám, ami nekem még több stresszt jelentett. Végül gyomorégésem lett és az emésztőrendszerem felmondta a szolgálatot. Olyan beteg és kimerült lettem, hogy a mesterem már semmi hasznomat nem tudta venni. Úgy dobott ki, hogy a hátamon ékeskedő hegeken kívül semmim nem maradt.

A mocsokba süllyedve talált rám egy fiatal hölgy. Sötétbőrű volt, mint én, de ő szabadon élt. Elszállásolt és ápolt engem, amíg újra egészséges lettem, majd munkát is talált nekem. Nem bántam, hogy keveset keresek, vagy hogy láthatatlan lettem. Önként vállaltam a szerepemet - hálával azért, hogy nem bántalmaztak. Éveken át keményen dolgoztam. De magányos voltam, megtört és mélyen féltem az emberektől. Vigaszt csak abból merítettem, hogy fából szobrokat faragtam, amilyeneket a nagyapám készített, mielőtt elraboltak. Egy nap a hölgy meglátta a faragványaimat és le volt nyűgözve. Arra ösztönzött, hogy nyissak egy saját boltot. Nemet mondtam, de ő makacs és intuitív volt.

A következő, amire emlékszem, hogy vásárolt egy kis üzlethelyiséget és az ajtóra akasztotta a nevem. Életemben először, a saját főnökömmé váltam. Ez a felismerés olyan fájdalmat hozott felszínre, amitől egy évre álomba sírtam magam. Amint átöleltem a fájdalmat, egyre inkább szeretni kezdtem azt, amit csináltam. Nehéz munka volt, de nem éreztem nehéznek. Az üzletem virágzott, a gyomrom meggyógyult, és a testem megfiatalodott. Végül a szívembe fogadtam ezt a nőt és ő lett a feleségem. Tíz évbe telt, hogy elég pénzt gyűjtsünk ahhoz, hogy visszatérjünk a szülőhazánkba és új életet kezdjünk.

Amint megéreztem az afrikai földet a talpam alatt, felnéztem a nyílt égre és az egész lényem ellazult. Aztán meghallottam a távolban éneklő és doboló embereket, akik arra vártak, hogy csatlakozzunk hozzájuk. Belenéztem a szerelmem szemébe és tudtam, hogy hazaérkeztem.

AJÁNDÉKOM SZÁMODRA

Akkor érkezem, amikor eljön az ideje a kikapcsolódásnak és annak, hogy megértsd, mennyire fontos egyensúlyba hozni a világ szolgálatára vonatkozó vágyunkat az élet élvezetére irányuló szükségletünkkel. Ne félj elfoglalni a téged megillető helyet a világban, egészséges határokat húzni, vagy nagylelkűnek lenni önmagaddal. Az időd és energiád drága kincs. Időnként nemet mondani a megfelelő dolgokra hasznosabb lehet, mint igent mondani. Nem pihenésre ösztönözlek. Azt akarom, hogy mélyen és teljesen, az egész lényeddel lazulj el. Amikor igazán ellazulsz, akkor készen állsz arra, hogy az igaz természeteddel és környezeteddel harmóniában dolgozz, és minden energiád meg lesz ahhoz, hogy teljesítsd a feladataidat, legyenek azok bármilyen jellegűek. Közösségeink és nemzeteink egészsége olyan emberektől függ, akik igazi belső *elszántsággal* és kiegyensúlyozott testi, érzelmi és szellemi élettel rendelkeznek.

KONTEMPLÁCIÓT SEGÍTŐ KÉRDÉSEK

- Hol és kivel érzed nehéznek határokat állítani? Mitől félsz?
- Mely területen nem értékeled önmagad és az értékes energiádat?
- Mi, vagy ki az az életedben, ami, vagy aki kimerít?
- Megtanultad élvezni a magányodat?
- Van elég időd arra, hogy önmagaddal légy? Mi az, ami igazán kikapcsol téged?
- Egy korábbi fájdalmas tapasztalat miatt távol tartasz másokat magadtól?
- Érezted már valaha a belső indíttatásodat az *Isteni akarattal* egybeesni?
- Ma engedd meg magadnak, hogy valamire, vagy valakire nemet mondj. Írd le a naplódba az ezzel kapcsolatos érzéseidet.

*A géniusz alkot, míg az árnyéka,
a nem-géniusz csak álmodozik.*

Ajándék: Előérzet
Árnyék: Fantáziálás
Szidhi: Kiáradás
Programozó Partnere: 31

~ Richard Rudd

41

BÖLCSESSÉGEM TÖRTÉNETE

Egy elszegényedett és aszály sújtotta faluban nőttem fel. A szüleimnek volt egy kis farmja, így ők látták el a falubelieket tojással, tejjel és odafigyeléssel. Kisgyerekként számtalan történetet hallottam olyan emberekről, akik csendes kétségbeesésben élték az életüket. Míg a legtöbb fiatal lány házasságról és gyerekvállalásról álmodozott, én becsuktam a szemem és a Nagy Templom papnőjének képzeltem magam - kézrátétellel gyógyítottam a betegeket, médiumi képességeim segítségével összhangba hoztam az embereket a sorsukkal és újra termékennyé tettem a földet. Mikor aztán kinyitottam álmodozó szemeimet, úgy éreztem, hogy eluralkodik rajtam a nehézség.

Évekig próbáltam az elmémben tartani egy dicsőséges jövő vízióját, hogy a világ fájdalmait távol tartsam magamtól. Irreális fantáziáimmal könyörtelenül hajtottam magam, és minden könyvet elolvastam, ami a gyógymódokról és a szent növényekről szólt. Még egy tiltott könyvtárba is belopakodtam, hogy megismerjem az ősi szertartásokat, melyekben a beavatottak szent menyegzői szobákba léphettek be, ahol elhagyták a testüket, hogy megvilágosodva térjenek vissza.

Míg a nővéreim feleségek és anyák lettek, én egy hiperaktív és ideges emberré váltam. Figyelmen kívül hagytam a testem kimerültségről adott jelzéseit, amíg már alig tudtam enni, még kevésbé tanulni. Elvesztettem a hitem az általam választott lehetetlen és elszigetelt útban, és az erőm is elhagyott.

A helyzetet az is nehezítette, hogy az édesanyám, miután olyan sokáig gondomat viselte, beteg lett. Egy napon, a családunk megdöbbenésére, a Nagy Templom egy papnője kopogott az ajtónkon. Egy csodálatos, ragyogó ember volt, akinek meditáció közben érkezett az üzenet, hogy látogasson el az otthonunkba. Kezét anyám mellkasa fölé emelte, én pedig áhítattal néztem, ahogy anyám szemeibe visszatér az élet.

Abban a pillanatban döbbentem rá, hogy mindazt a tudást, amit az évek során felhalmoztam, addig nem volt bátorságom használni. Túlságosan féltem attól, hogy a gyakorlatban elbukom. A szégyen érzete hullámzott bennem attól, hogy gyengének éreztem magam ahhoz, hogy segítsek az anyámon. Mintha meghallotta volna a gondolataimat, a papnő a szemembe és a lelkembe nézett, és ezt mondta: "Drága gyermek, ne az eszeddel állj neki. És nem kell egyedül csinálnod" Aztán megfogta a kezem és azt mondta: "Én az anyádhoz és hozzád is jöttem." Ez a nap jelentette valódi szakmai képzésem és életművem kezdetét.

AJÁNDÉKOM SZÁMODRA

Akkor érkezem, amikor elérkezett az ideje egy új tapasztalásnak. Egy új világ, vagy életed egy új fejezete hívogat téged. A tested minden sejtje bonyolult módon kapcsolódik egymáshoz, ahogyan a benned lévő minden impulzus a teremtés egészével kommunikál. Ha jól figyelsz, előre láthatod, hogy mi fog történni és mire van igazán szükséged. Az álmaid kulcsát a kezedben tartod, és a te felelősséged ezt a kulcsot használni. De emlékezz arra, hogy nem azért vagy itt, hogy egyedül valósítsd meg az álmaidat. Engedd, hogy mások is részt vegyenek benne. Egyszerre csak egy lépést tegyél. Lassíts a tempódon. Kérj segítséget. Pihenj, amikor szükséges. Ne tegyél túl sokat vagy túl keveset. Ne várd, hogy a dolgok pont úgy alakuljanak, ahogy azt elképzeled. Öleld magadhoz az *előérzet* izgalmát.

KONTEMPLÁCIÓT SEGÍTŐ KÉRDÉSEK

- Életed mely területén érzed magad "telítve" vagy "túl üresnek"? Hajlamos vagy a kettő között ingadozni?
- Sokat *fantáziálsz*, de a megvalósításnál nehézségekbe ütközöl?
- Kiégésig hajszolod az álmaidat?
- Jegyezd fel a gondolataidat a naplódba ma: mennyi időt töltöttél megszállottan a jövővel? vagy a múlt felelevenítésével?
- Oszd meg egy álmod valakivel, akiben megbízol. Engedd be őket. Engedd, hogy befolyásolják az álmod alakulását és irányát.

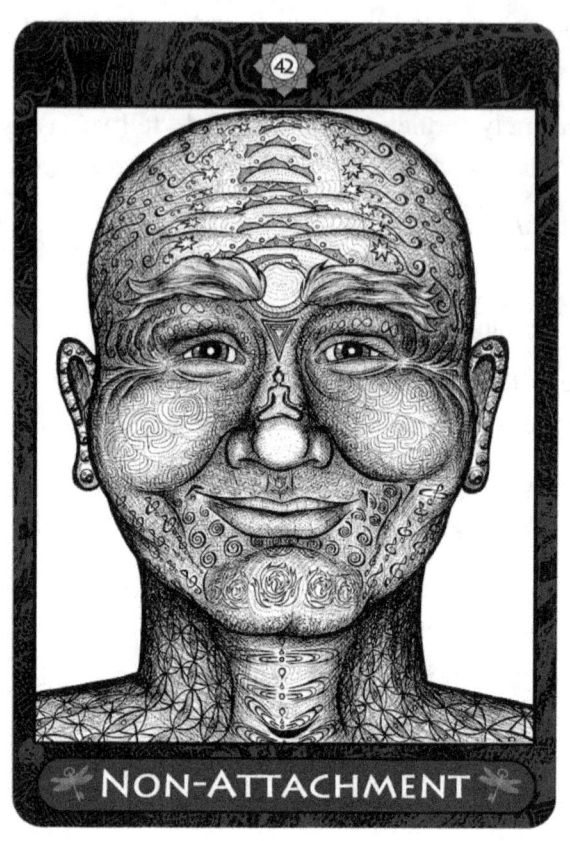

Az ünneplés azt a folyamatot képviseli, amikor fizikailag, mentálisan és érzelmileg is elengeded az életed feletti kontrollt.

Ajándék: Szenvtelenség
Árnyék: Elvárás
Szidhi: Ünneplés
Programozó Partnere: 32

~ Richard Rudd

42

BÖLCSESSÉGEM TÖRTÉNETE

Örök optimistaként mindig tartottam valami felé. A kielégítő párkapcsolat. Az izgalmas állás. A sugárzó egészség. Tudtam, hogy ha egyszer elérem a tökéletes életet, boldog leszek és megpihenhetek. Így minden mérföldkő mellett elrohantam, kapzsin, elvárásokkal tele, és egy jövőbeli jobb pillanat reményében mindig hajlandó voltam feladni a jelen pillanatban megélt élvezetet.

Idősebb koromban az idő megszállottja lettem. Sok volt a teendő, én pedig azt éreztem, hogy kifutok az időből. Mígnem ez be is következett. Egy általános orvosi vizsgálat során váratlan hírt kaptam. Végzetes betegséggel diagnosztizáltak.

Az életem irányítása hirtelen kicsúszott a kezeim közül. Rettegtem és dühöngtem. "Nincs időm erre!" Belül üvölteni tudtam volna és titokban azt éreztem, hogy elszúrtam az életem. Az optimizmusom, a magamba és másokba vetett hitemmel együtt elillant. A következő pár évben az összes pénzügyi megtakarításomat és szeretteim türelmét is kimerítettem, amint orvosról orvosra jártam, váltogatva a hagyományos és alternatív gyógymódokat. Rettegve attól, hogy semmi sem segít, minden egyes kezelést félbehagytam még mielőtt esélye lett volna kifejteni a hatását. Az orvosaim *szétszórtnak* láttak. Amit én láttam, az a csalódottság és az álmaim lassú halála volt. Végül annyira beteg lettem, hogy kórházi kezelésre szorultam.

Már kihalt belőlem a szikra, amikor találkoztam a szobatársammal, egy szintén haldokló gyermekkel. A lelkéből áradó öröm és bölcsesség megolvasztotta a szívem. A haverjának hívott és olyan elfogadással és békével beszélt a saját közelgő haláláról, ami szégyenérzetet ébresztett bennem.

Azon a napon, amikor meghalt, a szívem szó szerint megállt. Ki-beszálltam a testembe és egy leírhatatlan fényű és színű zenélő alagút húzott magába, miközben az orvosok próbáltak újraéleszteni. Szeretet járt át mindent, amit addig ismertem. És akkor megláttam a lányt, a barátomat a kórházból, egy virágokkal teli mezőn a karjaimba ugrándozva. Fellelkesedve ölbe kaptam a lányt, miközben azt suttogta: 'Itt az ideje, hogy visszamenj, haver.' Oly sok *ünnepelni* való van még. A következő, amire emlékszem, hogy újra a testemben vagyok, nyugodtnak érzem magam, a fájdalom ellenére hálával telve. Mindez sok évvel ezelőtt történt és egy orvosi csodaként váltam ismertté. Most már, ha az emberek a szemembe néznek, érzik az életbe vetett bizalmamat. Nem féltem saját magam sem, és másokat sem. Békét kötöttem a halállal. Szabadon élek, szeretek és értékelem minden pillanat becses ajándékát.

AJÁNDÉKOM SZÁMODRA

A *szenvtelenség* ajándékát hozom el neked. Azért vagyok itt, hogy emlékeztesselek, hogy az életben mindennek vége szakad egyszer azért, hogy valami újnak adja át a helyet. Itt az ideje, hogy átadd magad az életnek és elfogadd a saját halálod. Ez nem jelenti azt, hogy megszűnnek a vágyaid, az odaadásod vagy az érzéseid.

Valójában azt szeretném, hogy érezz -és lélegezz- még intenzívebben, mint ahogy eddig valaha is tetted. Nem jelenti azt sem, hogy nem lehetnek *elvárásaid*. Csak vedd őket könnyedén, ragaszkodás nélkül. Bízz az életed intelligenciájában, annak minden apályával és bőségével, örömével és fájdalmával együtt. Még a legszomorúbb állapotokat is élvezheted, ha elengeded a ragaszkodásod. Ne feledd, hogy egy kibontakozó történet írója és olvasója vagy egyszerre. Sose szalassz el egyetlen lehetőséget sem, hogy önmagadat és az életet ünnepeld.

KONTEMPLÁCIÓT SEGÍTŐ KÉRDÉSEK

- Hol állsz ellen a változásnak? (pl. a tested öregedésének, a gyermeked önállósodási folyamatainak, egy régi gondolkodási mintának vagy létállapotnak)
- Mi az, ami a végéhez közeledik vagy meg kell halnia az életedben?
- Mit -vagy kit - kell elengedned?
- Idő előtt kiléptél egy projektből, egy kapcsolatból vagy tapasztalásból? Mibe kerülne számodra, hogy egy igazi lezárást élj át?
- Ölelj át egy változást az életedben. Találj egy konkrét és ösztönző módot arra, hogy *megünnepeld*.

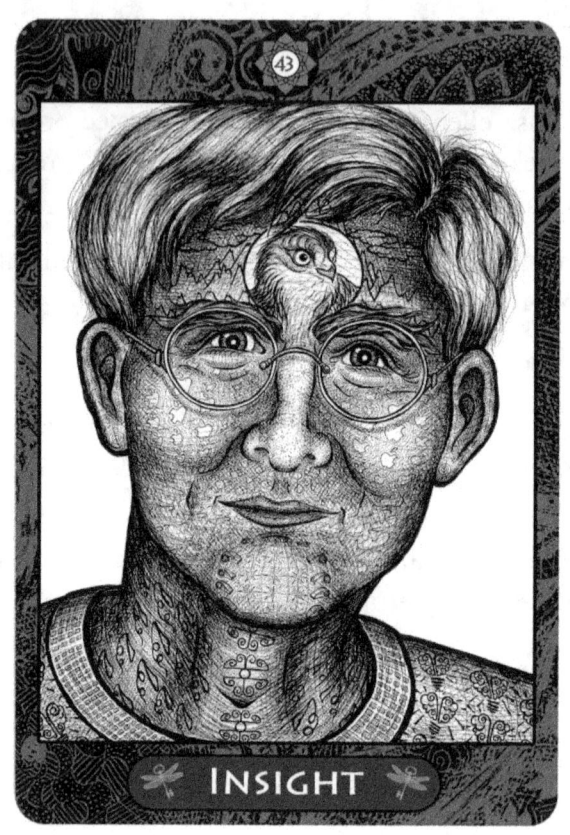

*Minden ember lázadónak
születik abban az értelemben,
hogy megtölt egy teret a térben,
amit senki más nem ismételhet meg*

Ajándék: Felismerés
Árnyék: Süketség
Szidhi: Epifánia
Programozó Partnere: 23

~ Richard Rudd

# 43

BÖLCSESSÉGEM TÖRTÉNETE

Gyerekként sokat aggodalmaskodtam. Gondolataim a lehetséges tragédiák körül forogtak és azt kerestem, hogyan kerülhetem el őket. A nálam erősebb bátyáim folyton azzal ugrattak, hogy egy érzékeny nyúlbéla vagyok. Az iskolában csak úgy neveztek, hogy "az agy". A többiekhez képest másnak és furának éreztem magam, miközben nagyon szerettem volna beilleszkedni, biztonságban érezni magam, és sikereket elérni.

Ironikus módon az a képességem, hogy előre láttam a problémákat, segített abban, hogy programozóvá váljak. Senki nem tudta olyan jól helyrehozni a hibákat, mint én. Ettől aztán egyszeriben a furcsaságom menő lett. Fiatalemberként gazdag és független életet éltem. Feldobott a tudat, hogy végre versenybe szállhattam a bátyáimmal. A családi találkozókon én uraltam a beszélgetéseket, véget nem érő beszámolókat tartva a munkahelyi sikereimről. Megmutattam nekik a legújabb kütyüimet, kéretlenül adtam a technikai tanácsokat és oda nem illő hozzászólásokat szúrtam közbe arról, hogy mekkorára duzzadt a hasizmom, amióta személyi edzőhöz járok, miközben rájuk teljesen *süket* voltam. Mivel leginkább azzal voltam elfoglalva, hogy megszerezzem az elismerésüket, nem tűnt fel számomra, hogy a viselkedésem idegesítő, vagy hogy irigységet éreztem a kapcsolataik iránt.

Aztán hazamentem és a "jól vagyok" módszert alkalmaztam. Videojátékokat játszottam, TV-t néztem és több társkereső oldalon szörföztem egyidőben. Megszállottja voltam annak, hogy "felszabadítsam az időmet" annak érdekében, hogy még produktívabb legyek, ezért megtanultam a telefonomról irányítani a hifit, a TV-t, a számítógépet, az autót, a napelemeket és a szaunát. Ahelyett, hogy felszabadult volna az időm, a technológia töltötte ki minden percem. Minél többet dolgoztam azért, hogy az életemet egyszerűsítsem, annál bonyolultabbá vált. Nem tudtam kikapcsolni a *hangzavart*.

Ekkor érkezett egy áttörő *felismerés*. Semmi, amit eddig csináltam, használtam vagy felhalmoztam, nem adja meg nekem azt az érzést, hogy jobban érezzem magam a bőrömben, vagy hogy megtaláljam a helyem a világban. Abban a pillanatban lemondtam az öszszes előfizetésem és betettem a TV-t és a kütyüimet a szekrénybe. Majd elcsendesedtem. Igazán csendben voltam.

Csak hallgattam - először a *hangzavart* a fejemben, aztán az otthonom hangjait, majd az udvaron csiripelő madarakat. Lassan újra bekapcsoltam a technológiai eszközöket is. Először a zenét, aztán a zenei műsorokat. Olyanokat, amelyek megérintettek, igazi emberekről szóltak, akik átélték a szenvedés fázisait és aztán talpra álltak. Ekkor érkezett meg az a *felismerés*, ami megváltoztatta a sorsomat. Elindítottam egy rádióműsort olyan emberek örömére, akik hozzám hasonlóan éreztek. A műsor "A kitaszított" nevet kapta. Ez volt a kezdet.

AJÁNDÉKOM SZÁMODRA

Elő szeretném hívni belőled a lázadót - az írót, a szeretőt, az őrült tudóst, a forradalmárt. Van valami, amit csak te tudsz megtenni. Valami, amire az egész eddigi életed készített fel. Itt az ideje, hogy valamit megkockáztass, hogy felboríts egy rendszert. Lehet, hogy nagy hullámokat kavarsz. De ez rendben van. Akármire is készülsz, ne hallgass a status quo-ra. Ez nem a panaszkodásról vagy hibáztatásról szól. Ez a kreativitás és a szeretetre való nyitottság. Ahhoz, hogy a belső hangodra hallgass, nem kell tudnod, hogy pontosan merre mész, és milyen okból teszed. Amint bátorsággal elindulsz egy új irányba, ne lepődj meg azon, hogy az időzítésed jobban fog működni és áttörő *felismerésekhez* jutsz. Merj az lenni, aki vagy, és bárhová mész, másokból is képes leszel előhívni a kreatív lázadó szellemet.

KONTEMPLÁCIÓT SEGÍTŐ KÉRDÉSEK

- Mi az, amiért a legjobban aggódsz mostanában?
- Az aggodalmaid megszállottja vagy, esetleg elnyomod őket állandó elfoglaltsággal, külső zajokkal, vagy a saját beszédeddel?
- Szoktad magad félreértve, vagy kirekesztve érezni?
- Hogyan süketíthet meg mások felé az önvédelem iránti igényed?
- Mit csinálnál másképp, ha nem félnél attól, hogy különbözz másoktól?
- Volt már valaha mély *felismerés* vagy *epifánia* élményed?
- Kövesd figyelemmel az aggodalmaid a nap folyamán. Figyeld, ahogy átváltoznak.

A csapatmunka ajándékának lényege az, hogy felismerjük ki való az életünkbe.

Ajándék: Csapatmunka
Árnyék: Interferencia
Szidhi: Szinarchia
Programozó partnere: 24

~ Richard Rudd

44

BÖLCSESSÉGEM TÖRTÉNETE

Édesanyám kisgyerekkoromban elhagyott minket. Édesapám mind az öt gyermekének a legjobbat akarta, de ezt nem sikerült megadnia. Gyakran kétségek gyötörték és napokra eltűnt, szerencsejátékokra költötte a pénzét, kisebb testvéreimet pedig az én felügyeletemre bízta. Nem volt más választásom, gyorsan felnőtt szerepbe kényszerültem és kisfiúként sokkal több felelősséget kellett vállalnom, mint amennyi természetes lett volna.

Fiatalemberként lenéztem a nőket. Beléptem a munka világába, és természetesen vezetői szerepre törekedtem. Az emberek kezdtek megbízni bennem és szerettem a vezetői státuszt, még akkor is, ha egy süllyedő hajót kellett irányítanom. Általában minden munkával és szervezettel kapcsolatban tévesen ítéltem meg a viszonyokat. A feletteseim vagy eltűntek vagy bedobták a törölközőt. A csapatom ritkán tudta mit kell tennie, én viszont lazán kezeltem a helyzeteket.

Aztán máshol kezdtem elölről ugyanezt a folyamatot. Zűrzavart láttam magam körül mindenhol. A politikában, a vallásban és a gazdaságban egyaránt. A szeretetben és a szerelemben. A vezetők elhagyták népüket, az emberek elhagyták önmagukat és egymást. És úgy tűnt, senki nem törődik senkivel. Mindenkivel szemben bizalmatlan voltam.

Aztán egy napon megismertem egy nőt, akitől valódi gondoskodást kaptam. Annak ellenére, hogy egy bennszülött környezetből érkezett és teljesen különböztünk, valami nagyon ismerősnek tűnt benne. Szerettem az illatát, és azonnal magával ragadott a világa. A bizalmat illetően rejtélyes képességgel rendelkezett, nemcsak a fák, folyók, madarak, hanem az emberek iránt is. Irántam is. Segített az életem tökéletes iróniájának felismerésében és abban, hogy megértsem, miként befolyásolja a gyermekkorom jelenlegi életemet. Amint átláttam a mintát, az életem változásnak indult. Bizalmatlansággal teli szívem életemben először kezdett megnyílni. Beengedtem egy nőt a szívembe.

Amint átadtam magam az intimitásnak, az emberek figyelmét is vonzottam. Egyre több rokonlélek lépett az életembe. Amikor egy közösségbe kerültem, a szinkronicitás és zökkenőmentesség jellemezte kapcsolataimat. Soha nem tapasztaltam ehhez hasonló csapatmunkát azelőtt. Minden résztvevő azzal járult hozzá, amiben ő a legjobb volt és mindenki felelőséget vállalt a közösségért. Az elvártnál is sokkal többet, így minden zökkenőmentesen haladt. Megtapasztaltam a valódi összetartozást.

AJÁNDÉKOM SZÁMODRA

Azért jöttem, hogy emlékeztesselek, azokat a kapcsolatokat vonzod az életedbe, amelyek a növekedésedhez szükségesek. Minél inkább megbízol abban, hogy az életedbe az emberek okkal érkeznek, annál többet tudsz tanulni a kapcsolataidból és jobban fog működni az értékítéleted, amikor új partnert, barátot vagy munkatársat választasz. Bízz az ösztöneidben. Kezdd el kiszagolni az embereket magad körül. Kérdezd meg magadtól, hogy ki a te valódi szövetségesed. Elképzelni sem tudod, milyen képességekkel rendelkezel ahhoz, hogy több bizalmat, harmóniát és csapatmunkát tapasztalj az életedben. Amikor megtalálod az igazi csapatod, a sorsod magától és varázslatosan fedi fel önmagát.

KONTEMPLÁCIÓT SEGÍTŐ KÉRDÉSEK

- Nehezen bízol meg az emberekben? Karnyújtásnyi távolságot tartasz másoktól?
- Belefutsz ismétlődő egészségtelen kapcsolati dinamikába? Gyakran elnyomod az ösztöneidet?
- Milyen régi kapcsolataid akadályoznak újak létesítésében?
- Idézz fel egy olyan pillanatot, amikor valódi csapatmunkát tapasztaltál és éltél meg.
- Rajzolj egy térképet jelenlegi kapcsolataidról. Jelöld meg, hogy kik a szövetségeseid, kiben bízol és kiben nem. Légy őszinte magadhoz.
- Tekints azokra az emberekre, akikkel életed során küzdöttél. Mi az, amit tanulhattál tőlük?

Minden rendszer, amely
a félelem alapjaira épült,
óhatatlanul, természeténél
fogva előbb utóbb összeomlik.

Árnyék: Uralkodás
Ajándék: Szinergia
Szidhi: Eggyé válás
Programozó partnere: 26

~ Richard Rudd

45

BÖLCSESSÉGEM TÖRTÉNETE

Olyan országban születtem, ahol a lányok nem vehették át apjuk birodalmát. Fiatal kislányként félénk voltam, ugyanakkor gondoskodó és figyelmes. Órákat töltöttem az apámat figyelve, ahogy a családi vállalkozást építi, spórolva, éjt nappallá téve, felfelé kapaszkodva a ranglétrán, és kiszolgálva a követelőző befektetőket. Amint elérte a vágyott hatalmat és tekintélyt, arra törekedett, hogy ne veszítse azt el. Szoros gyeplővel tartotta az alkalmazottakat, a pénzt, a pozíciót és az örökséget. Soha nem keverte az üzletet a barátsággal. Még édesanyám sem ismerte a vállalkozás titkait. Ahogy öregedett, egyre paranoidabbá, nagyképűbbé és uralkodóbbá vált. Forró vérmérséklete volt.

Mindenkit lesokkolt, amikor kiderült, hogy halála után rám bízza a vállalkozás vezetését. Egész testem remegett, amikor megkaptam a vállalkozás széfjének kulcsait. Legtöbben arra számítottak, hogy kudarcot vallok, és én is ezt gondoltam. A legjobb barátaim azonban bíztak bennem, és biztosítottak feltétlen támogatásukról.

A hála, amit éreztem, bátorságot adott ahhoz, hogy megtörjem a családi vállalkozás első szabályát. Munkatársaimmá tettem a legjobb barátaimat. Ahelyett, hogy veszélyforrásként, versenytársként, vagy betolakodóként kezeltem volna őket, inkább pótolhatatlan és megbízható forrásként tekintettem rájuk. Megosztottam velük, amit tudtam és amire szükségem volt, és szabad kezet adtam nekik, hogy a beavatkozásom nélkül foglalkozzanak azzal, amiben ők a legjobbak. Először csökkent a profit és aggódni kezdtem, de a cég légköre pozitív irányba változott. A jóakarat, az együttműködés és a kreativitás uralta a teret. Rövidesen egyre hatékonyabbak lettünk, és egyre nagyobb profitot termeltünk. A nyereség nagyrészét az alkalmazottak képzésére és tréningezésére fordítottam olyan területeken, ahol önszántukból, szívesen fejlesztették magukat. Ezt követően az emberek sorban álltak azért, hogy velünk, illetve nekünk dolgozhassanak. Évek múlva a termékeink és szolgáltatásaink hozzájárultak mind az ügyfeleink, mind a környezet egészségéhez. Helyrebillent a dolgozók magánélete és munkája közötti egyensúly. Családi életük virágba borult és a családtagok is osztoztak a sikereikben.

Világszerte elismerték és alkalmazni kezdték humanitárius hozzáállásunkat. Azt a képességünket, hogy fel tudjuk szabadítani tartalékainkat (a nyereségvággyal ellentétben), és azt az erőfeszítést, hogy egyensúlyba hozzuk az üzletet a nonprofittal, a művészettel és az aktivitással. Nem rossz teljesítmény egy olyan félénk lány részéről, mint én!

AJÁNDÉKOM SZÁMODRA

Azért vagyok itt, hogy arra bátorítsalak, lépj tovább, és engedd el a félelmeidet. Ha családban élsz, vagy egy üzletet vezetsz, nézd meg, hogy milyen módon irányítja az életed még mindig a félelem. Hol tartod vissza az erőt, miközben jobban járnál, ha megosztanád? Bolygónkon eljött az ideje annak, hogy az eddiginél korszerűbben szervezzük az életünket. A versenyszellem kihalóban van. A szinergiás együttműködésre kell hangolódnunk. Ha szétnézel a világban, azt láthatod, hogy a profitéhség felülírja a jószándékot, de biztosítalak arról, hogy ez nem a megfelelő eredményhez vezet. Végsősoron a jóakart mindig győzedelmeskedik.

KONTEMPLÁCIÓT SEGÍTŐ KÉRDÉSEK

- Milyen helyzetben vagy félénk, illetve félsz megingatni a csónakot?
- Itt az ideje elengedni egy külső tekintélyt az életedből?
- Hol mentél bele egészségtelen versengésbe?
- Hol lehetsz még mindig a feltörekvés megszállottja?
- Gondolj arra az időszakra, amikor a jószándék és az együttműködés megtérült számodra.
- Képzeld el azt, hogy részt veszel egy izgalmas együttműködésben, ahol a szinergia az uralkodó elv. Milyen projekt töltene el izgalommal? Milyen ajándékodat használnád szívesen? Kivel szeretnél együtt alkotni? Ha nem ismersz senkit, találj ki egy fiktív személyt. Jegyezd fel azokat a minőségeket, melyeket szeretnél látni a partnereidben. Képzeld el az ideális kreatív *közösséget*.

Szerencsében akkor van részünk, ha nem avatkozunk bele az életbe

Ajándék: Élvezet
Árnyék: Komolyság
Szidhi: Eksztázis
Programozó partnere: 25

~ Richard Rudd

46

BÖLCSESSÉGEM TÖRTÉNETE

Bár szüleim azt akarták, hogy boldogok legyünk, ők maguk boldogtalan emberek voltak. Anyám frigid nő volt, szégyellte a saját testét, és az összes fájdalmának rabja volt. Rettegett a gonosz szellemektől, és mindig megdorgált engem és a bátyámat, amikor túl szabadon, vagy spontán módon játszottunk. Apám szorgalmas ember volt, traumatizált gyermekkorral. Attól félt, hogy vad ösztöneink veszélyt hoznak ránk, ezért minden mozdulatunkat megpróbálta irányítani.

A bátyám reakciója szüleink viszonyulására az volt, hogy semmit sem vett komolyan, még a büntetéseiket sem. Mindig jól érezte magát, de ők mindig helytelenítették komolytalanságát. Egyik alkalommal, egy óriási veszekedésük után elviharzott otthonról, és soha nem tért vissza. Bár éreztem szüleim bánatát, titokban irigyeltem a bátyámat. Miért nem lehetek én is olyan könnyed és szabad, mint ő? Miért törődöm annyit azzal, hogy ki mit gondol? Mindig arra vágytam, hogy más legyek - okosabb, karcsúbb, sikeresebb.

Ahogy érettebb lettem, rájöttem, hogy az igazi boldogsághoz nem csak szép külsőre és világi eredményekre van szükség. Így előtérbe helyeztem a belső világot, és komoly szellemi - spirituális utazásra indultam. Csendben ültem és imádkoztam, számtalan szertartáson részt vettem, mégsem voltam boldog. Még mindig féltem az élettől, biztos voltam benne, hogy mindent rosszul csinálok, és hogy soha semmi nem fog sikerülni nekem, még a megvilágosodás sem.

Egy nap, amikor egy fa alatt ültem és meditálni próbáltam, egy idős hölgy jelent meg előttem. Alaposan szemügyre vett engem, a szent oltáromat, és a komor kifejezést az arcomon. Aztán anélkül, hogy megkérdezett volna, megfogta a kezem, és egy tengerparti erdő tisztására vitt. Soha nem fogom elfelejteni a nevetés hangjait a távolból, és a minket fogadó csodálatos látványt. A legvidámabb női közösség volt, amit valaha láttam.

A legkülönbözőbb alkatú, magasságú és korú nők fantasztikus ruhakölteményekben egy óriási tűz körül, teljes átéléssel mozogtak, énekeltek és táncoltak. Mielőtt észbe kaptam volna, levették a ruhájukat, és vidáman a vízbe ugrottak. Annyira nevettem, hogy teljesen megfeledkeztem a kinézetemről, és hogy mások mit gondolnak. Ledobtam a ruhámat, és belefutottam az óceánba. Az a teliholdas éjszaka volt szerencsés életem kezdete!

AJÁNDÉKOM SZÁMODRA

Azért jöttem, hogy megosszak veled egy örök igazságot: csak az *élet* és a *szeretet* számít, semmi más. Itt az ideje, hogy élvezd az élet apró örömeit, és a körülményektől függetlenül jól érezd magad a bőrödben. Nem számít, hogy érted-e mi történik veled, lovagold meg az élet izgalmas hullámait. Ehhez először el kell engedned a múltat és az elképzeléseidet, és meg kell nyitnod az elméd és a szíved. Minél kevésbé veszed komolyan a dolgokat, annál több teret engedsz a boldogságnak, és az élet *élvezetes* meglepetéseinek, hogy a megfelelő pillanatban pontosan oda vigyenek, ahol éppen lenned kell. A gyönyörű és varázslatos univerzum szüntelen munkálkodik benned.

KONTEMPLÁCIÓT SEGÍTŐ KÉRDÉSEK

- Nyugodtabbnak látszol a felszínen, mint amennyire belül annak érzed magad?
- Milyen helyzetekben veszed túl komolyan az életet?
- Hajlamos vagy aggódni a megjelenésed miatt? Előfordul, hogy ezek az aggodalmak akadályoznak abban, hogy élvezd az életet, vagy kockázatot vállalj?
- Megtapasztaltad már az eksztázist? Csodálatos volt? Esetleg ijesztő?
- Nézz meg egy vicces, szívmelengető filmet. Mosolyogj!
- Figyelj a gyönyör apró pillanataira és a szinkronicitás jeleire az életedben. Jegyezd fel őket a naplódba.

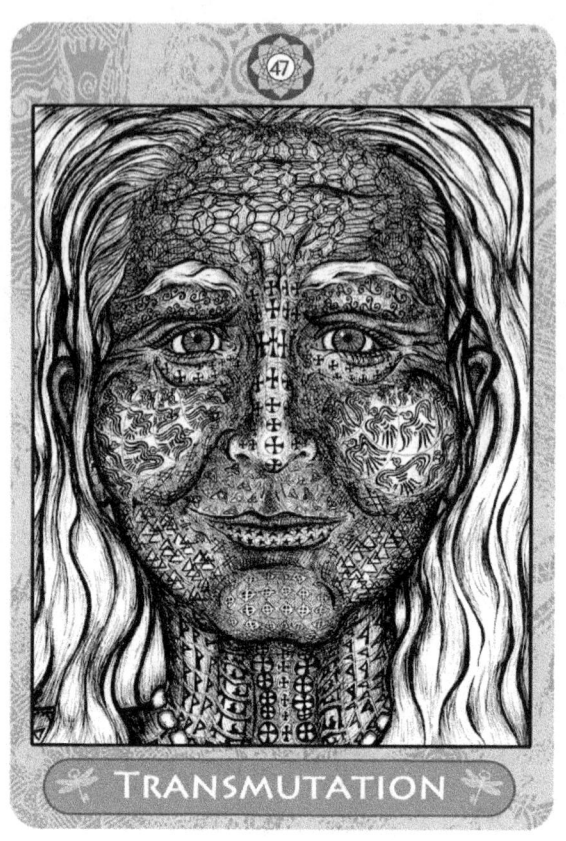

A szenvedés meghaladásának egyetlen útja az, ha egyre mélyebben belemerülünk a szenvedésünkbe, és magunkba fogadunk/magunkhoz engedünk minden érzést és eseményt, ami elénk jön az úton.

Árnyék: Elnyomás
Ajándék: Transzmutáció
Szidhi: Transzfiguráció
Programozó partnere: 22

~ Richard Rudd

47

BÖLCSESSÉGEM TÖRTÉNETE

Gyerekként visszatérő rémálmom volt. Az álom mindig azzal a képpel végződött, hogy egy szakállas ember hajolt fölém, egy hatalmas pengével a kezében. Minden alkalommal sikoltozva ébredtem, mielőtt a penge a mellkasomhoz ért volna.

Édesapám gyenge és csendes ember volt. Sosem beszélt nyomasztó családi múltjáról, és semmiben sem hitt igazán. Édesanyám vallásos nő volt, aki a vallási dogmákat követte. Meggyőződése volt, hogy a lányát egy negatív entitás szállta meg, ezért elcipelt a templomba. Évekig bűnbocsánatért imádkoztam és azért, hogy az ördögtől megszabaduljak, de rémálmaim csak fokozódtak.

Mire ifjú hölggyé cseperedtem, az alvás gondolatától is menekültem. Egy este annyira elöntött a reménytelenség, hogy térdre rogytam édesapám előtt, és végül megosztottam vele rémálmomat. Nagyon kíváncsi lett és egyre többet akart tudni. Azon az estén vártam, hogy elaludjak. Bár továbbra is azonnal felébredtem, mielőtt a penge lecsapott volna, mégis egyre több információhoz jutottam. Következő éjszaka ugyanez történt. Azt követően újból. Elérkeztem arra a pontra, hogy tudatosan léptem be az álomba, és másodpercekkel a gyilkosságom előtt elmenekültem. Édesapám minden részletre kiéhezetté vált. Úgy tűnt, hogy mi ketten együtt egy régi történet eseményeit illesztjük össze.

Egyik éjszaka a szakállas ember nadrágszíján feliratot fedeztem fel. Lerajzoltam a három betűt és megmutattam édesapámnak. Beszaladt a szobájába és egy régi északi szimbólumokkal teli könyvvel tért vissza, ami az ő nagyapjáé volt, de ezt soha nem említette azelőtt. Azonnal felfedeztük a három szimbólum jelentését: utazás, ajándék, élvezet. Sosem láttam apám szemeit olyan izgatottnak, mint akkor. Aznap este alig vártam, hogy álomba merüljek. Ezúttal engedtem, hogy a tőr a szívembe hatoljon. Nem volt sem vér, sem fájdalom, csak sugárzó fény, mely megtöltötte mellkasomat. Felszínre került mindaz, amitől évekig féltem. Egy kincsesládát fedeztem fel, tele kincsekkel. A szakállas ember újra megjelent, de ezúttal sugárzóan kedves volt. Kard helyett egy képet mutatott, amely édesapámat ábrázolta gyermekként. Ezt mondta: "mondd meg édesapádnak, hogy bocsánatáért esedezem és szeretem őt."

Ezek után az apámmal való kapcsolatom örökre megváltozott. A mi ősi kapcsolatunk megerősített, meggyógyított és átalakított bennünket. Jelenleg nem létezik olyan, amit ne szeretnék látni, vagy érezni. Folyamatosan újabb és újabb kincsekre bukkanok.

AJÁNDÉKOM SZÁMODRA

Azért vagyok itt, hogy megkérjelek, nézz szembe azzal, amitől a legjobban rettegsz. Azt hiszed, hogy rögzült személyiséged/identitásod van, de ez nem így van. Állandóan változol. Arra vagy hivatott, hogy minden korláton felülemelkedj, és aztán feloldódj valami másban. A fejlődésedhez a transzmutáció a kulcs. Itt az ideje, hogy semmit ne tarts vissza, ölelj át mindent, és élj kockázatosan. Engedj el minden olyan meghatározást, hogy ki vagy te és mire vagy képes. Barátkozz meg a félelemmel. Nyisd ki Pandóra szelencéjét. Ha valóban meg akarod haladni szenvedésedet, egyre mélyebbre merülj el benne. Add át magad. Minden percben kvantumugrást tehetsz és igazi célod megvalósul.

KONTEMPLÁCIÓT SEGÍTŐ KÉRDÉSEK

- Feladtad az életed? Olykor azt érzed, hogy bármit teszel, az életed nem lesz jobb?
- Melyek azok a félelmek, amelyekkel nem mersz szembesülni?
- Akkor érzed magad a legjobban, amikor biztos vagy valamiben?
- Szoktad úgy érezni, hogy saját elméd elnyom?
- Nehezen tudod elfogadni azokat az embereket, akik másként gondolkodnak, mint te?
- Gondolj valamire, ami megijeszt téged. Közeledj hozzá szimbólumok segítségével, vagy valamilyen kreatív módon.
- Gondolj egy olyan időszakra az életedből, amikor *transzmutációt* éltél át.

Ha nem vagyunk képesek érzelmi állapotainkat egykedvűen, tisztán és integritással kezelni, soha nem válunk egészen felnőtté, hanem egy szinten mindig gyerekek maradunk.

Ajándék: Ötletesség
Árnyék: Alkalmatlanság
Szidhi: Bölcsesség
Programozó partnere: 21

~ Richard Rudd

48

BÖLCSESSÉGEM TÖRTÉNETE

Az apám egy idealista ember volt, aki kész volt feláldozni országunkért az életét. Majdnem annyira magasztalta azt a bátorságot, együttműködést és hűséget, amit a háború alatt tapasztalt, mint amennyire utálta mindazt, amiben mindezért ő és a katonatársai részesültek a háború után. Úgy érezte, eldobják és elfelejtik azok, akikért mindent feláldozott, és manipulálja a kormány, amit oly nagy lelkesedéssel szolgált.

Általános iskolai tanulmányaim felénél jártam, amikor az apám egy keserű, paranoid és gátlástalan emberré vált. Amikor éppen nem az összeesküvéselméleteket gyártotta megszállottan, vagy a kormány ellen kémkedett, akkor dühét szabadjára engedve folyton engem kritizált, amiért fegyelmezetlen voltam, és nem voltam vonzó.

Anyámat a megélhetési gondjaink emésztették fel, miközben vezette a háztartást és fenntartott egy látszat életet. Az volt az egyetlen vágya, hogy jól teljesítsek az iskolában, és ápolt legyen a külsőm, így a szomszédok nem vették észre, hogy mi zajlik a zárt ajtók mögött. Ahogy egyre értéktelenebbnek éreztem magam, egyre többet bámultam a csillogó emberekről szóló szappanoperákat, és a tökéletes nőkről szóló reklámokat a televízióban, akik gyönyörűek, sikeresek és ámulatba ejtőek egyszerre. Ezzel szemben én elviselhetetlenül közönségesnek éreztem magam.

Amint kamaszkorba léptem, a nyomás, mi szerint jól kell kinéznem és viselkednem, egyre inkább feszített. A kinézetem, a jegyeim, és annak a megszállottja lettem, hogy bekerüljek a legjobb középiskolába. A vizsgák előtt képtelen voltam aludni. Mivel kétségbeesetten próbáltam betölteni a hasamban érzett űrt, és lecsendesíteni az idegrendszerem, étellel tömtem magam, amit aztán kihánytam.

Akkor sikerült mindezen változtatni, amikor a csodálatos angol tanárom arra bíztatott, hogy írjak egy fogalmazást a legmélyebb fájdalmamról. Ekkor eszméltem rá arra, hogy az addigi életemet teljes mértékben az alkalmatlanság érzése uralta. A tanárom nem csak a szenvedésemre látott rá, hanem a mély, érzékeny és bölcs részeimet is felismerte, melyekről egészen addig tudomást sem vettem. Elhatározta, hogy felszínre hozza őket. Köszönettel tartozom neki, amiért segített kibontakoztatni és fiatal nőként kivirágoztatni az életem, megbízni belső bölcsességemben, és szerelembe esni a természeten alapuló spiritualitással.

Manapság már békésen alszom, és nagy megtiszteltetés számomra, hogy érzelmi és spirituális gyógyító szertartások keretében segíthetem a 7 és 14 év közötti gyermekek gyógyulási folyamatait. Minden nap inspirál és lenyűgöz az a belső erőforrás, amit a gyerekekben látok.

AJÁNDÉKOM SZÁMODRA

Ne bújj el a benned rejlő sötétség kútja elől, mert a kút alján fény és határtalan gazdagság vár. Amikor a legnagyobb szükséged van rá, az élet minden kihívására megtalálod a legelegánsabb megoldást és a megfelelő támogatást. Azonban legelőször meg kell nyugtatnod a tested, hogy akkor is biztonságban van, ha nem tudod mindenre a választ. Engedd meg a benned élő felnőttnek, hogy szeresse és megtartsa a belső gyermeket akkor is, amikor félelmet érzel. Idővel spontán beleengeded majd magad az ürességbe és több melegséget fedezel ott fel, mint amire valaha is számítottál. Bízz a bölcsességedben, és akkor az emberek töltekezni fognak a belső kutad mélyéről, több *ötletességet* és *bölcsességet* merítve, mint amennyiről jelenleg tudatos vagy. Sokkal alkalmasabb vagy rá, mint ahogy azt el tudod képzelni.

KONTEMPLÁCIÓT SEGÍTŐ KÉRDÉSEK

- Hogyan viszonyulsz a félelemhez? Hajlamos vagy elfojtani és elkerülni a félelmet? Vagy inkább kivetíted másokra, esetleg reagálsz rá?

- Mihez érzed magad a *legalkalmatlanabbnak*? Hogyan befolyásolja a gondolataidat, érzéseidet és cselekedeteidet az az érzés, hogy 'nem vagy elég jó'?

- Megfélemlítve, vagy alkalmatlannak szokták érezni magukat az emberek a társaságodban?

- Ki volt az a személy az életedben, aki valóban látta és segített felszínre hozni a *bölcsességed*?

- Gondolj egy olyan időszakra az életedben, amikor megtapasztaltad és ki is tudtad fejezni a *bölcsességed*.

- Írd le a 10 legnagyobb belső *erőforrásod* és figyeld meg, hogy közben milyen érzések és gondolatok töltenek el.

*Amíg az emberek egy részét jónak,
másokat pedig rossznak nézel,
addig a 49-es árnyék börtönében élsz.*

Ajándék: Forradalom
Árnyék: Reakció
Szidhi: Újjászületés
Programozó Partnere: 4

~ Richard Rudd

49

BÖLCSESSÉGEM TÖRTÉNETE

Szenvedélyes és érzékeny idealistának születtem. Annak ellenére, hogy a családom viszonylag liberálisnak számított, a szüleim nem voltak szenvedélyes emberek. A harmónia érdekében bármit képesek voltak semmibe venni, ami miatt én egy képmutatásdetektort fejlesztettem ki magamban. Az anyám egy feminista nő volt, mégis alárendeltnek tekintette magát és az apám mindezt hagyta neki. A szüleim nyitottnak tartották magukat, de a meglepettség kiült az arcukra, amikor számukra idegen etnikumból származó, vagy más nemű romantikus partnereket vittem haza. A környékünkön mindenki büszke volt haladó politikájára, miközben a betelepedést ellehetetlenítették, háborúkat racionalizáltak, másokkal pedig embertelenül bántak.

A *letargia* és a tagadás volt az, ami a leginkább dühített. A haragom mögött fájdalom volt. Hogy lehet, hogy ők nem látták, amit én láttam? Vagy nem érezték, amit én éreztem? Amikor szembesítettem a szüleimet saját gondolkodásukkal, és ők nem vállalták fel a saját előítéleteiket, hatalmas harcok alakultak ki közöttünk.

Aztán egyetemre mentem. Az elmém pörgött, és a szívem megszakadt, amikor a sok elnyomott ember helyzetéről tanultam. Forrongtam, amikor bármilyen rendszerszintű kirekesztéssel vagy intézményes elnyomással szembesültem. Évekig kizárólag hasonló gondolkodású aktivistákkal lógtam, és ítélkeztem a szüleim fölött (és a legtöbb ember fölött), amiért mindezek miatt nem értettek meg. Minél határozottabban harcoltam a békéért, annál több konfliktus keletkezett az életemben. Ha egy cseppnyi rasszista hajlamot fedeztem fel az udvarlóimban, azonnal dobtam őket. Akkor eszméltem magamra, amikor a legjobb barátom elfordult tőlem, a *legindulatosabb* embernek nevezve engem, akit valaha is ismert. Pusztító érzés és egyszerre ajándék volt az, hogy őt elveszítettem. Addig a pontig - miközben az embereket jó és rossz kategóriákba soroltam, jobb vagy baloldalinak címkézve őket - eszeveszetten próbáltam elkerülni azt, hogy elutasítsanak. Az elutasítástól való félelmem következtében rengeteg embert elhallgattattam csak azért, mert az enyémtől különbözött a világnézete. Időbe telt, amíg a szégyen, a bűntudat és a megbánás rétegein keresztül ástam magam. A személyes kapcsolataimat csak akkor sikerült rendezni, amikor képes lettem magamnak megbocsátani.

Végül megszületett a megértés a szívemben arra vonatkozóan, hogy milyen mély emberi késztetés él bennünk arra, hogy a világot két csoportra osszuk fel: mi és ők, feketék és fehérek. Ez a felismerés olyan kreatív erőt hozott felszínre, amiről addig nem is sejtettem, hogy létezik. Most már a régi világ *elutasítása* helyett minden szeretetemet és energiámat arra fordítom, hogy elképzeljem és megalkossam az újat. Mostanra kellő nyugalommal képviselem a békemozgalmat.

AJÁNDÉKOM SZÁMODRA

Üdvözöllek a békés *forradalomban*. Ha szeretnél békét teremteni a közösségedben, akkor kezdd azzal, hogy türelmes, kedves és együttérző vagy magaddal. Adj az érzéseidnek időt, teret és számos kreatív kifejezésmódot. De ne ítéld meg őket, mert ha ítélkezel felettük, belső nyomás keletkezik, ami miatt az érzéseid és a késztetés, hogy kiengedd őket még intenzívebbé válnak. Ha *elutasítod* magad, csak még nehezebb lesz objektíven szemlélni önmagad, meglágyítani a szíved, megérteni a másikat és észrevenni a megoldásra irányuló lehetőségeket. Ha lázadnod kell, akkor lázadj a saját belső késztetésed ellen, amikor bárkit meg akarnál támadni. Amikor ellenállsz a késztetésnek, hogy érzelmeid alapján reagálj, vagy hogy erőszakos légy magaddal szemben, akkor megteszed a tőled telhető legtöbbet annak érdekében, hogy véget vess az erőszaknak a világban. Reagálás helyett légy *forradalmár*.

KONTEMPLÁCIÓT SEGÍTŐ KÉRDÉSEK

- Előtérbe helyezed a harmóniát az élelmességgel, a mélységgel és őszinteséggel szemben?
- Gyakran azelőtt eltolsz magadtól embereket, mielőtt még közel kerülnének hozzád?
- Elutasítasz embereket, még mielőtt nekik esélyük lenne elutasítani téged?
- Legközelebb, amikor érzelmileg megérintve érzed magad és megjelenik a kísértés, hogy reagálj, nekirohanj vagy elutasíts valakit, kérdezd meg magadtól *"elutasítva érzem magam? Félek attól, hogy elutasítanak?"*
- Mi a legszeretetteljesebb *forradalmi* cselekedet, amit ma meg tudsz tenni?

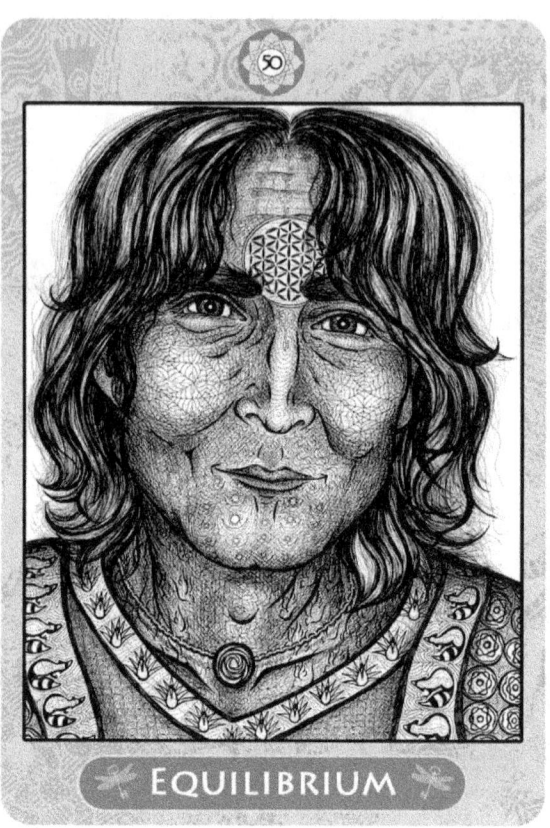

*Az egyensúlyt el lehet veszíteni,
de a harmónia állandó és végtelen.*

Ajándék: Egyensúly
Árnyék: Korrupció
Szidhi: Harmónia
Programozó partnere: 3

~ Richard Rudd

50

BÖLCSESSÉGEM TÖRTÉNETE

Bár apám zenész akart lenni, anyám pedig tanár, egyikük sem engedhette meg magának, hogy tanulmányokat folytasson. Életüket gyárakban töltötték, csekély fizetéstért dolgoztak olyan hataloméhes főnököknek, akiket csak a haszon érdekelt. Kötelezettségektől túlterhelten a szüleim eltolták maguktól a saját fájdalmukat, szégyenüket és álmaikat.

Én viszont dühös voltam - a főnökeikre, az iparosokra és minden hierarchikus rendszerre. Lázadoztam, a szüleim pedig aggódtak az iskolai botrányaim miatt. Attól féltek, hogy viselkedésemmel később a megélhetésemet kockáztatom. Ezért a csekély megtakarításukat arra fordították, hogy engem 'kigyógyítsanak' abból, amit az iskolaigazgató 'mentális betegségnek' nevezett. De én tudtam, hogy nem vagyok beteg. A társadalom volt beteg.

Amint elég idős lettem, apám gitárjával és egy filozófia könyvvel a kezemben, keresztül stoppoltam Európát. Ahová csak mentem, korrupcióval szembesültem. Vagyonos emberek irányították a világot, a gazdag országok kizsákmányolták a szegényeket, és senki sem vállalta a felelősséget pusztító és embertelen hatásukért. A legtöbben abból húztak hasznot, hogy megmentik a világot a káosztól. Indulataimat nehezen tudtam megfékezni. Épületeket rongáltam és egy elhagyatott házba költöztem. Amikor megérkezett a rendőrség, nem akartam elhagyni az épületet, ezért börtönbe zártak. Mivel a szüleimet szégyelltem arra kérni, hogy váltságdíjat fizessenek, ezért leültem a kiszabott időt. A börtönben jöttem rá arra, hogy mennyire *felelőtlen* voltam. Csakúgy, mint a kapitalisták, én sem tartottam magam felelősnek sok pusztító cselekedetemért. Az önző világnézet, amely a világban létező hierarchikus rendszereket táplálta, bennem is élt.

Radikálisan őszinte lettem, szembenéztem a saját szégyenérzetemmel és félelmemmel, és megértettem, hogy én is magamban cipeltem a szüleim fájdalmát. Amikor megnyílt a szívem, az elmém egy új világról kezdett álmodni, ahol a szüleimhez hasonló emberek önmegvalósító igényeit táplálják és tisztelik. Amint kiszabadultam a börtönből, elszántan törekedtem arra, hogy a szüleimet egy teljesen más módon ismerjem meg. Még zenéltünk is együtt. Aztán közösségeket kezdtem keresni - és országokat - amelyek az önszerveződés új példáját mutatták.

Az első dolog, amit észrevettem, hogy az emberek mennyire őszinték egymással és magukkal. Kifejlesztettem egy különleges képességet az emberek meg nem élt álmainak megfigyelésére és kreatív lépésekre ösztönöztem őket a bennük rejlő ajándékok felfedezésére. Különösen varázslatos hatással vagyok bármelyik csoportra, ahová belépek. A dolgok gyakran csak úgy összeállnak körülöttem, és ritkán teszek ezért tudatosan.

AJÁNDÉKOM SZÁMODRA

Egy új világ vízióját hozom el neked, ahol béke, *harmónia* és együttműködés uralkodik. Látom benned a belső béke lehetőségét és egy ajándékot, mely által bármilyen csoportba, melynek tagja vagy, *egyensúlyt* viszel. Ahhoz, hogy ezeket az ajándékokat ki tudd bontakoztatni magadban, először hajlandónak kell lenned arra, hogy minden rejtett programodat felszínre hozd. Urald és vállalj felelősséget a hátsó szándékaidért, ezáltal az önbizalmad növekedni fog. Önbizalommal képes leszel megteremteni azt a biztonságos teret mások számára, amelyre szükségük van ahhoz, hogy szembenézzenek és magukhoz öleljék saját *árnyékrészeiket*. Így lehet közösen létrehozni egy igazán békés világot. Van egy önszerveződő intelligencia, amely természetesen jön felszínre akkor, ha az embereknek meg van a hatalmuk arra, hogy önmaguk legyenek, és arra ösztönzik őket, hogy szenvedélyükkel járuljanak hozzá a folyamatosan fejlődő egészhez. Ne feledkezz meg arról, hogy játékos légy. Mi értelme egy új világot létrehozni, ha nem tudjuk élvezni?

KONTEMPLÁCIÓT SEGÍTŐ KÉRDÉSEK

- Beleragadtál abba, hogy a rendszernek, vagy az ellen dolgozol?
- A társadalmi felelősséged a kreativitásod útjába áll?
- Voltál már valaha a hatalomtól elvakult, vagy keveredtél-e korrupcióba?
- Gondolj egy olyan alkalomra, amikor kifejezetten kreatívnak, játékosnak vagy szabadnak érezted magad. Hol voltál? Mit csináltál? Kivel voltál?
- Mit tudnál tenni azért, hogy megtapasztald a *harmóniát*?

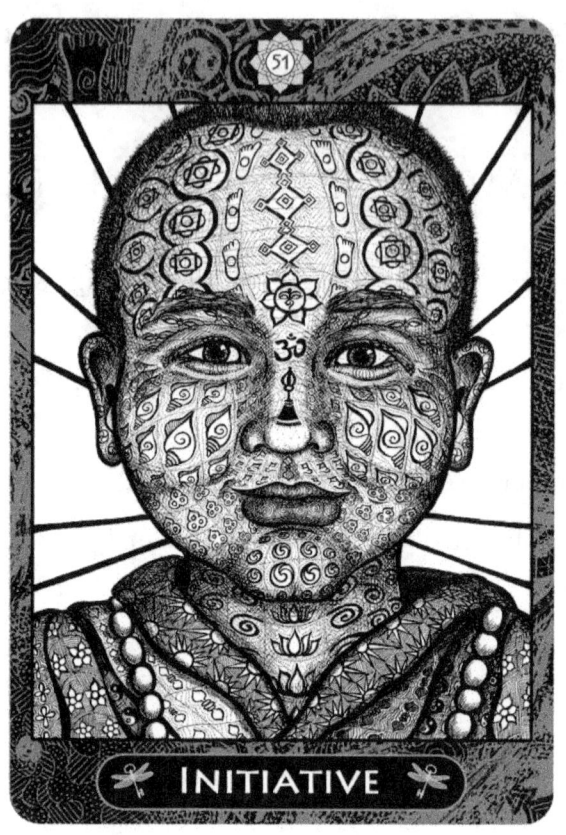

A kreatív kezdeményezés minden emberi szellem útja. Valamikor mindnyájunknak ki kell lépni a tömegből és neki kell vágnunk szívünk feltérképezetlen vadonjának

Ajándék: Kezdeményezés
Árnyék: Izgatottság
Szidhi: Felébredés
Programozó partnere: 57

~ Richard Rudd

51

BÖLCSESSÉGEM TÖRTÉNETE

Amikor még tipegő kisgyerek voltam, néhány szerzetes jelent meg az ajtónk előtt. Spirituális mester inkarnációját ismerték fel bennem. Szüleim nem voltak vallásos emberek. Sokkolta őket a helyzet, de túlságosan alázatosak és gyávák voltak ahhoz, hogy harcoljanak értem. Soha nem felejtem el, ahogy sikoltottam, mikor elragadtak anyámtól.

Egy éven keresztül úsztam a kijelölt tanítóm szeretetében és figyelmében. Nagyon szerettem őt. Mindig képeket mutatott a szüleimről, emlékeztetve arra, hogy összetartozunk. Azonban egy nap ellenséges katonák, akik gyűlölték a szerzeteseket, brutálisan megtámadták kolostorunkat és megölték szeretett mesteremet.

Mielőtt ráeszméltem volna, hogy mi történt, egy másik szerzetes karjaiban ébredtem. Átkeltünk a hegyeken és egy másik kolostorba érkeztünk. Minden jól alakult, én viszont iszonyúan ideges voltam. Nehezemre esett a tanulmányaimra összpontosítani és fókuszálni. Nehéz volt bárkiben is bíznom. Az elmém és a szívem megértette, hogy biztonságban vagyok, a testem azonban nem tudott megnyugodni. Állandó készenlétben volt, és kétségbeesetten próbálta elengedni a nyugtalanságot.

Mivel kierőszakolni nem lehetett a nyugalmat, az elmémmel léptem túl. A kolostori ranglétrán való felemelkedés megszállottjává váltam, és folyamatosan emlékeztettem magam arra, hogy különleges vagyok, mivel oly korán kiválasztott lettem. Elhatároztam, hogy én leszek az első a társaim között, aki megvilágosodik. Társaim szemében bátornak, fegyelmezettnek és koraérettnek tűntem, de mélyen traumatizált voltam.

Szerencsére az új mesterem felismerte bennem a fájdalmat, és megértette, hogy még nem tudtam túllépni az engem ért sérelmeken. Ő azt is tudta, hogy ez a megrázkódtatás lesz a legnagyobb tanítás az életemben. Egy nap ez fog segíteni engem abban, hogy az ego hamis biztonságát elengedjem, elfogadjam a halált, és felébredjek az elkülönültség látszatából. Azonban bölcsen azt is tudta, hogy túl fiatal vagyok még ahhoz, hogy mindezt megértsem. Kioktatás helyett festővásznat, ecsetet és szabadságot adott, hogy úgy fejezzem ki magam, ahogy szeretném.

Az útmutatása egyszerű volt: "Kövesd a szívedet". Az első lépés olyan érzés volt, mintha szikláról ugrottam volna a mélybe. Hamarosan viszont sosem látott színekkel, szimbólumokkal töltöttem meg a vásznat. Testem ellazult, új barátokat szereztem és túlléptem a versengésen. Először azt gondoltam, a művészeten keresztül valami újat teremtek. Ma már tudom, hogy csak újra felfedeztem és magamhoz vonzottam egy örök igazságot. Nem az a fontos, hogy valami újat vigyél a vászonra, csupán a vásznat kell megnyitnod valami új számára.

AJÁNDÉKOM SZÁMODRA

Nem azért vagyok itt, hogy irányítsalak. Azért jöttem, hogy az elindulásban segítselek. Itt az ideje, hogy letérj a kitaposott útról, hogy minden eddigi gondolatod elengedd, és magadhoz öleld egy teljesen újfajta létezést. Annak ellenére, hogy számíthatsz segítségre az úton, végsősoron az első lépést neked kell megtenned. Nincs biztonsági háló. Nem lehet elkerülni a félelmet. Ha túl akarsz lépni a félelmen, nézz szembe vele. Becsüld meg kreatív impulzusaidat, bárhol is jelennek meg. Félelemmel telt szívedet vezesd vissza önmaga tisztaságához. A jószerencse elkerülhetetlen, ha bízol a benned élő szeretetben. Ha versengésre vágysz, ne másokkal versengj. Versenyszellemedet saját kreativitásodba fektesd. És hamarosan a versengés helyét mély együttműködés veszi át.

KONTEMPLÁCIÓT SEGÍTŐ KÉRDÉSEK

- Félelmeid izgatottá, reménytelenné és zárttá tesznek?
- Meghátrálsz az élettől? Vagy kockázatosan viselkedsz?
- Versenyszellemed befolyásolja kapcsolataidat?
- Nem érted, hogy miért váltasz ki ellenszenvet másokból?
- Gondolj egy olyan pillanatra az életedben, amikor szembesültél a félelemmel és megtapasztaltad az áttörést. Mi váltott ki félelmet belőled? Mi és ki adott neked bátorságot?
- Milyen lépésre késztetett az élet abban a pillanatban? Találj kreatív utat az ismeretlen felfedezésére.

Minél önzetlenebb a szándékunk, annál több erővel rendelkezünk majd.

Ajándék: Visszafogottság
Árnyék: Stressz
Szidhi: Nyugalom
Programozó partnere: 58

~ Richard Rudd

BÖLCSESSÉGEM TÖRTÉNETE

Fiatal tanyasi fiúként egy izgalmasabb életre vágytam. Faltam a könyveket és nem telt el sok idő, mire saját magam is írni kezdtem. Valamilyen szerencse folytán, a 20-as éveim elején írtam egy izgalmas történelmi regényt, melyet egy nagy kiadó fel is fedezett, és egyből a top-listák élére került. Amint megkaptam az első szerzői díjamat, egy nagyvárosba költöztem, ahol egy élvonalbeli írókkal teli munkakörnyezetben helyezkedtem el. Ebben a nyüzsgő közegben született meg a második regényem.

Legnagyobb megdöbbenésemre a regény kudarcot vallott. A rajongóim panaszkodtak, a legjobb kritikusaim sértő visszajelzéseket írtak, és a kiadóim megfenyegettek, hogy megszüntetik a szerződésem, hacsak nem garantálok egy újabb bombasikert. Ahogy nekiálltam a következő projektemnek, teljesen lebénított a félelem. A munkahelyem hirtelen kaotikusnak és zajosnak tűnt.

Stresszesen és megrekedten, órákat töltöttem azzal, hogy az üres képernyőt bámultam, az agyam tele volt magammal kapcsolatos kétségekkel és az inspiráció hiányával. Annyira reménytelennek éreztem a helyzetet, hogy elkezdtem könyveket olvasni arról, hogy hogyan kell sikerkönyvet írni. Próbáltam követni a sablonokat, de semmi nem segített. A nyugtalanságom egy olyan pontra jutott, ahol már nem tudtam a helyemen maradni. Kitörtem a nyomás alól, felborítottam az asztalom, felmondtam a szerződésem és elhagytam az épületet. Felültem az első repülőjáratra és egy kis szigeten kötöttem ki, ahol kibéreltem egy kis vidéki házat és hónapokat töltöttem ott kiégve és depressziósan.

Egyszer csak kertészkedni kezdtem. A kezeim heteken keresztül a földbe mélyedtek és az elmém egyetlen fókusza az volt, hogy hogyan gondozzam a növényeket, hogy egyre nagyobbra nőjenek. Ahogy a testem és az elmém hozzászokott a lassabb életformához, megtanultam, hogy bár különböző kertészeti technikákkal fokozhattam volna a növények növekedésének ütemét, a legtöbb esetben a növények pontosan tudták, hogy hogyan kell nagyra nőni. Meg volt a saját ritmusuk. Azt is észrevettem, hogy amikor magvetés közben jó hangulatban voltam, a növények is jobban érezték magukat.

Ezek a kis felismerések életre keltettek bennem a filozófust- és az írót. Ez az időszak versek írására inspirált, minden szó olyan volt, mint egy virág. Amikor már elég erősnek éreztem magam ahhoz, hogy visszamenjek a városba, hogy eltakarítsam mindazt, amit magam után hagytam, rájöttem, hogy az a stressz, amit éreztem, nem csak tőlem származott. Mindenhol ott volt, és kollektíven éreztem mindenkiét. A szívem megnyílt az emberiség felé és akkor tudtam, hogy a következő könyvem a stressz általánosan ránk gyakorolt hatásáról fog szólni. Az írásom a bolygó javát fogja szolgálni. Ezúttal bíztam a megfelelő szavakban és abban, hogy minden inspiráció a megfelelő időben érkezik meg hozzám.

AJÁNDÉKOM SZÁMODRA

Azért jöttem, hogy megszabadítsalak a stressztől és emlékeztesselek arra, hogy a természetben (beleértve téged is) mindennek meg van a maga ritmusa és növekedési üteme. A szándékaid olyanok, mint a magok. Ha valamibe félelem által inspirálva kezdesz bele, akkor az egész törekvést a félelem magja fogja táplálni. Ha azt szeretnéd, hogy az álmaid növekedjenek és kivirágozzanak, akkor csak tartsd meg a tiszta szándékod, töltsd meg jóakarattal és bízz abban, hogy az álmaid tudják, hogy mikor és hogyan kell virágozni. Itt az ideje, hogy megbarátkozz a *visszafogottsággal*. Hagyd, hogy az életed és az álmaid megmutatkozzanak anélkül, hogy túlságosan erőltetnéd vagy sürgetnéd. Tanulj meg nem beleavatkozni. És emlékezz, hogy igen gyakran a növekedés és átalakulás a felszín alatt zajlik, és a legnagyobb magoknak van szüksége a leghosszabb időre ahhoz, hogy csírázni kezdjenek.

KONTEMPLÁCIÓT SEGÍTŐ KÉRDÉSEK

- Az életed mely területén érzed magad a leginkább nyugtalannak és türelmetlennek?
- Miben érzed magad leginkább megakadva?
- Hogyan jelenik meg a *stressz* az életedben és miként éled meg?
- A tested kiégettség jeleit mutatja?
- Emlékezz egy olyan időszakra, amikor *visszafogott* voltál és ez hasznodra vált.
- Gondolj egy jelenlegi projektedre. Hogyan tudnád megtölteni jóakarattal és szerető szándékkal?
- Mi a legegyszerűbb módja annak, hogy összekapcsolódj ma a *nyugalommal*?

Az igazi növekedés túlmutat a komfortzónán- folyamatosan meghaladja az előző szintet.

Ajándék: Növekedés
Árnyék: Éretlenség
Szidhi: Végtelen Bőség
Programozó Partnere: 54

~ Richard Rudd

53

BÖLCSESSÉGEM TÖRTÉNETE

Egyszerűség és egyensúly uralkodott társadalmunkban. A természet mindennel ellátott minket, amire szükségünk volt, és mi sosem vettünk el többet a szükségesnél. Mindenkinek megvolt a feladata és mindenki hozzájárult valamivel a közösség életéhez, így közösségi szinten és egyénileg is jó módban éltünk.

A modernizáció idején a családommal egy északi sarki településre költöztünk, hogy korszerű életet éljünk. A férjemnek nehézségei akadtak a nyelvtanulással és az új kultúrával. Nem talált munkát. Nekem jó nyelvérzékem volt, és kihasználtam az aktuális oktatási lehetőségeket. Hamarosan állást is találtam egy szövőműhelyben és családfenntartó lettem.

A férjem mély depresszióba esett. Az alkoholtól komor, kontrolláló és bántalmazó lett. Eltiltott engem attól, hogy új dolgokat próbáljak ki és azzal vádolt, hogy elfoglaltam az őt családfőként megillető helyet. A házasságom a megfélemlítés és csapdába esettség színtere lett. Elhatároztam, hogy kiszabadulok ebből a helyzetből, ezért kerestem a lehetőségeket a változtatásra. Eleinte bizonytalan voltam, egyik lehetőségtől a másikig futottam és sokszor azt éreztem, hogy feladom.

Egyszer csak elkezdtem használni az eszemet, összekötöttem a tradicionális szövő képességemet az új képzéseken tanultakkal, hogy létrehozzam a saját ruházati üzletemet. Ahogy egyre inkább bevonódtam a modern világba, a marketing tudásom is fejlődött és az üzlet is növekedett. Hamarosan el tudtam hagyni a férjem. Elszánt voltam, hogy független maradok, ezért könyveket olvastam az elbűvölő gazdag modern emberekről, a spirituális hagyományainkról és a reinkarnációról. Készítettem egy egész készlet szakrális köpenyt tehetős keresőknek. Inuit sámánok áldásával meditációkhoz és temetésekre készültek, hogy javítsák a lélek esélyeit egy kedvezőbb inkarnációra. A köpenyek nagy sikert arattak a piacon. Az ambícióim a bankszámlámon lévő összeggel együtt növekedtek, csakúgy, mint a stressz és a káosz, ami az életemet onnantól átszőtte. Bővítettem a készletet és tömeggyártásba kezdtem szintetikus anyagok felhasználásával, figyelmen kívül hagyva, hogy ezzel visszaélek a szent hagyományokkal és előnyt kovácsolok a modern emberek haláltól való félelméből és a Szellem iránti vágyakozásából.

Amíg meg nem látogattam az egyik Kínában működő gyárunkat, addig nem volt róla tudomásom, hogy a dolgozóink nagyon rossz körülmények között dolgoztak és a gyárunk óriási mennyiségű szemetet termel. Szörnyű volt szembesülni azzal, hogy milyen messzire sodródtam a gyökereimtől. Magányos, kapzsi és gyerekes emberré váltam. Ezért eladtam az üzletet, a pénzemet és az időmet pedig arra fordítottam, hogy jogfosztott bennszülötteket támogattam, integráltam az ősi tudást abba a világba, ahol a szellemi értékek nagyon hiányoztak és a Föld egészséges működésének visszaállítására törekedtem. A munkám egyre több, az életem viszont egyszerű és kiegyensúlyozott lett. Végül már tudom mi az igazi gazdagság.

AJÁNDÉKOM SZÁMODRA

A *növekedés* ajándékát hoztam el neked. Van valami az életedben, amin már túlnőttél. Itt az ideje, hogy elhagyd a komfortzónád. Ha nagyon ragaszkodtál egy elképzeléshez, vízióhoz vagy világnézethez, itt az ideje, hogy elengedd. Ha a múltad, vagy az életed egy részét ki akartad zárni, feltételezve, hogy az semmilyen ajándékot nem rejteget számodra, itt az ideje, hogy magadhoz öleld. Add fel az intellektuális részed és figyeld meg, ahogy minden sokkal egyszerűbbé és hatékonyabbá válik. Az elmének nehéz felfogni, hogy az életben mindig minden elmúlik és kezdődik elölről. De az igazság az, hogy mindig szintézis történik, örökké egésszé formálódunk. A végén az egyetlen, ami számít, a szíveden keresztül történő *növekedés*.

KONTEMPLÁCIÓT SEGÍTŐ KÉRDÉSEK

- Úgy érzed időnként elhatalmasodik rajtad a szomorúság?
- Elzárod magad a világtól és az új élményektől?
- Gyakran elkezdesz dolgokat és soha nem fejezed be őket?
- Túlnőttél már egy helyzetet az életedben? Félsz elengedni azt?
- Túl gyorsan haladsz, a kiegyensúlyozott életed kárára?
- Ha nem félnél a növekedéstől, miben növekednél legszívesebben?

A kapzsiság egy szempillantás alatt képes eljátszani az integritását azért, hogy elérje amit akar és ez okozza a bukását.

Ajándék: Felfelé törekvés
Árnyék: Kapzsiság
Szidhi: Felemelkedés
Programozó partnere: 53

~ Richard Rudd

54

BÖLCSESSÉGEM TÖRTÉNETE

Egy karizmatikus guru ashramjában nőttem fel. Az anyagi ambíciókat háttérbe szorító szüleim nyomdokait követve, buzgó hívő lettem. Fiatalkoromban a meditáció és ima híve voltam, és megismertem a béke édes illatát.

A gurunk a nagylelkűséget hirdette és elutasított mindenféle birtoklást. Hatalmas alázatáról és csodatételeiről volt ismert. Egy alkalommal eltévedtem az ashramban és az ő privát szobája előtt haladtam el. Az ajtó félig nyitva volt, így be tudtam menni. A látvány, ami bent fogadott, lesokkolt. Kincsek hegyeit és fotókat találtam, melyek őt ábrázolják, amint a világ leggazdagabb és legkorruptabb embereivel kapcsolódik. Mielőtt még valaki meglátott volna, egyenesen a szüleimhez szaladtam, hogy megosszam velük a látottakat. Nem hittek nekem. Azt mondták, amennyiben ez igaz lenne, biztos valamilyen szent oka van.

A következő néhány évben szüleim továbbra is felajánlották fizetésüket és anyagi javaikat az ashramnak, és a guru ezek után is elfogadta az összes adományt a rejtett kapzsiságával. Végül vettem a bátorságot és szembeszálltam vele. Azzal vádolt, hogy hazudok és vétkezem. Szüleim túl rémültek és összezavarodottak voltak ahhoz, hogy mellém álljanak.

Így elmenekültem az ashramból és mindentől, amit a guru képviselt. Az egyetlen, amit akartam, az az önmagamra ébredés volt. Elutasítottam minden anyagi javat és teljesen aszkéta életet éltem. Évekig egy fa árnyékában laktam, majd hosszú időszakokat töltöttem teljes csendben, zarándokolva. Az emberek szentnek láttak. Bár ennek az elképzelésnek ellenálltam, amíg csak tudtam, a szolgálat iránti vágyam túl nagyra nőtt egy idő után ahhoz, hogy figyelmen kívül hagyjam.

Tanítani kezdtem a szeretetről, a megbocsátásról, a szolgálatról, az adakozásról, a megelégedettségről, a belső békéről, az elhivatottságról és minden nép iránti tiszteletről, hovatartozástól és vallástól függetlenül. Követőimnek azt tanácsoltam, hogy éljenek hagyományos családi életet, és tartalékaikat ne adják nekem. Mindeközben pusztító földrengés sújtotta országunkat. Ezrek váltak hajléktalanná. Rájöttem, hogy egy kéréssel annyi pénzhez juthatok, hogy minden károsultat megmenthetek.

Abban a pillanatban értettem meg, hogy félelmem és kapzsiságom hogyan ásta alá a szolgálatra való képességemet. Múltbeli sérelmeim gyógyításához meg kellett tanulnom bízni önmagamban és a legmélyebb szinteken megérteni, hogy az én kezeim valójában a világ kezei. Jelenleg van egy alapítványom, ahol a tartalékok folyamatosan gyűlnek, és újraelosztásra kerülnek. Az élelem, a pénz és a szeretet folyamatosan áramlik az életemben, otthonomban és közösségemben. Minimális juttatást tartok meg magamnak és nincs szükségem arra, hogy bármit is félretegyek.

AJÁNDÉKOM SZÁMODRA

A *felfelé törekvés* ajándékát hoztam neked. Légy figyelmes önmagaddal, amikor azt veszed észre, hogy még mindig a félelem, a versengés és az önmagad szolgálata iránti vágy vezérel. Akkor érkezem az életedbe, amikor itt az ideje, hogy elgondolkozz azon, hogyan szolgálj másokat és hogyan mozgósíts erőket egy egészségesebb, fentarthatóbb világért. Hívd elő belső Robin Hoododat. Kezdj el adakozni. Gondolkodj holisztikusan. Találj kreatív módszereket Földünk tartalékainak igazságosabb újraelosztására. Amennyiben nincs pénzed, adományozz időt, energiát, bölcsességet és szeretetet. Emlékezz arra, hogy ha ragaszkodtál ahhoz, amit felhalmoztál, itt az ideje, hogy elengedd azokat. Ha eddig elutasítottad mások nagylelkűségét, itt az ideje, hogy elfogadd azt. Maradj áramlásban, és minden kivirágzik.

KONTEMPLÁCIÓT SEGÍTŐ KÉRDÉSEK

- Életed melyik területe van áramlásban? Melyik területen tartod vissza az energiát?
- Ambíciód veszélyezteti-e integritásodat?
- A birtoklás és a felhalmozás vágya uralja az életedet?
- Kiábrándultságod miatt feladtad ambícióidat?
- Az anyagiak elutasítása megakadályoz az elfogadásban?
- Hogyan nyílhatnál meg jobban az elfogadás felé?
- Vedd számba, amid van. Hol rendelkezel többlettel? Még ma találj három dolgot, amit odaadhatsz, vagy újra eloszthatsz.

*A történet legvégén -
amikor már majdnem feladtuk
a megváltás reményét - mindig akkor
jön el a szabadulás.*

Ajándék: Szabadság
Árnyék: Áldozatszerep
Szidhi: Szabadság
Programozó partnere: 59

~ Richard Rudd

BÖLCSESSÉGEM TÖRTÉNETE

Amióta az eszemet tudom, hangulatember voltam. Folyton magyarázatokat kerestem a hangulataimra. Egész fiatalkoromat azzal töltöttem, hogy mindent és mindenkit hajszoltam, amiről azt gondoltam, hogy örömet okoz nekem, és elkerültem, vagy hibáztattam azokat, akiket felelőssé tettem a fájdalmamért.

Amint felnőttem, ahelyett, hogy a felszínes "jó érzés" lehetőségeire vágytam volna, személyes szabadságra, romantikus eszményképre és spirituális megvilágosodás után áhítoztam. Ezért elkezdtem keresni a tökéletes lelkitársat, tanárt és magasabb tudatállapotot. Professzionális keresővé, tantrikus boszorkánnyá és workshopfüggővé váltam. Annyi emberbe, módszerbe és guruba szerettem bele, majd ábrándultam ki belőlük, hogy már számolni sem tudtam. Amikor szerelmes voltam, azt hittem szabad vagyok.

Valójában a soha véget nem érő romantika utáni vágy, a felszabadulás álma és a dráma katarzisának csapdájába estem, és mindezek függőjévé váltam. Ragaszkodtam a csalódottságomhoz és titokban nagyszerűen éreztem magam attól, hogy a véget nem érő sorozatos balszerencséimről panaszkodom. A hullámvasútnak nem volt vége. Az érzelmeim uraltak. Annak ellenére, hogy az összes "történetemet" láttam és el tudtam mesélni, még mindig reménytelenül vak voltam arra, hogy szembesüljek a ténnyel, hogy nem vállalok felelősséget az életemért. Még mindig odaadtam az erőmet valakinek vagy valaminek "odakint", aki meg tudott menteni vagy gyámoltalanná tenni.

Az egész rólam szólt. A szeretetemről. A felébredésemről, a

boldogságomról. A csalódottságomról. Ennek akkor tudtam véget vetni, mikor találkoztam egy nővel, aki az *áldozatiságom* legmélyén meglátta, hogy a szívem résnyire nyitva van. Nem tudtam tovább elrejtőzni előle és magam elől sem.

A közöttünk kialakult intimitáson keresztül tanultam meg szembenézni a legmélyebb félelmeimmel és legrejtettebb mintáimmal. Életemben először *szerelembe estem* és nem zuhantam. Nem csak vele, hanem az egész életemmel. Abbahagytam a panaszkodást, és mások hibáztatását. Többé nem terheltem magam bonyolult történetekkel és pusztító drámákkal, kész voltam arra, hogy sokkal mélyebben és teljesebben érezzek, és hogy gyötrődés és megkérdőjelezés nélkül hozzak döntéseket. Nem ragaszkodtam többé tanárokhoz vagy módszerekhez, és olyan szinkronicitást kezdtem tapasztalni, amelyről mindig is álmodoztam. Egyre többet foglalkoztam azzal, amit szerettem. Írtam, énekeltem, élveztem a barátaim társaságát és a természetet.

Manapság az emberek hajlamosak ellazulni körülöttem. Azt érzik, önmaguk lehetnek. Most már tudom mélyen a lelkemben, hogy az egész élettel kapcsolatban állok.

AJÁNDÉKOM SZÁMODRA

Azért jöttem, hogy megosszam veled, a *szabadságnak* semmi köze ahhoz, amit csinálsz, amit megértesz vagy ahogyan érzel. Sokkal inkább a hozzáálláson múlik, mindegy, hogy mi történik veled vagy körülötted. Tudod úgy élni az életed, hogy nem támaszkodsz külső ösvényekre, rendszerekre és struktúrákra, melyek biztonságot adnak? Tudod teljes mértékben átélni az érzéseid anélkül, hogy belebonyolódnál a drámába, vagy az elméd történeteibe? Meg tudod élni a vágyakozást anélkül, hogy sürgetnéd a megvalósulást vagy kimenekülnél belőle? Tudsz csak úgy létezni? A *szabadság* akkor lesz a tied, amikor feladod azt az elképzelést, hogy valaki más felelős a te életedért, vagy hogy te magad el vagy különülve az élettől. Gyakorold az átlátszóságot és a radikális önelfogadást, és fel fogod fedezni a saját nagyszerűségedet.

KONTEMPLÁCIÓT SEGÍTŐ KÉRDÉSEK

- Milyen területen vagy önmagad legnagyobb ellensége?
- Mivel, vagy kivel szemben vagy hajlamos panaszkodni, vagy hibáztatni?
- Miben érzed magad leginkább áldozatnak? Légy őszinte.
- Milyen rendszerekre vagy struktúrákra támaszkodsz, vagy bújsz mögéjük? Mi történne, ha elengednéd őket?
- Gondolj egy olyan időszakára az életednek, amikor *szabadnak* érezted magad és erősnek. Hogyan jellemeznéd az akkori általános hozzáállásod?
- Tölts el egy napot panaszkodás vagy hibáztatás nélkül. Nézd meg mi történik.

*Az igazi élvezet a lényünkön
belül gyökerezik, nem pedig azon kívül.*

Ajándék: Gazdagodás
Árnyék: Figyelemelterelés
Szidhi: Mámor
Programozó partnere: 60

~ Richard Rudd

56

BÖLCSESSÉGEM TÖRTÉNETE

Kreatív gyerek voltam, aki utálta az iskolát. A szüleim túlságosan elfoglaltak voltak a számlák fizetésével és a hírek követésével ahhoz, hogy felismerjék, mennyire unatkoztam és csapdában éreztem magam, (vagy hogy ők maguk mennyire boldogtalanok voltak).

Kamaszkorba lépve, mogorva gyerekké váltam. Hazamentem az iskolából, magamra zártam a szobám ajtaját, órákig zenét hallgattam és fűvel tompítottam magam. Össze voltam zavarodva, elveszve egy fantáziavilágban, és a szüleimet vagy a tanáraimat hibáztattam, amiért olyan ostobák és gépiesek voltak.

Amikor 14 éves koromban megkaptam életem első gitárját, onnantól kezdve a zenélés és zeneírás megszállottja lettem. Írtam mindenről, amit láttam és éreztem, az elfoglalt világunkat uraló magányosságról és ürességről. Végül vettem a bátorságot, és utcazenészként kezdtem a saját dalaimat játszani. A zeném megszólította a fiatalokat. Hamarosan felfedezett egy nagy lemezkiadó, és aláírtam az első szerződést.

Fiatal felnőttként az egész országban koncerteztem és éltem a rocksztárok életét. Olyan sok szeretőm volt, amilyen sokat drogoztam. A koncertjeim mélyen megérintették a közönséget. Én azonban egy másik tudatállapotban léteztem, így nem sokat érzékeltem mindebből. Ahogy telt az idő, egyre több és több ingerre volt szükségem ahhoz, hogy valamit is érezzek. Nem tudtam elszállni, vagy kellőképpen túlingerelni magam, ezért mindig kerestem a következő szélsőséges tapasztalást, míg egy alkalommal majdnem belehaltam egy túladagolásba.

Amikor a kórházban magamhoz tértem, és teljesen egyedül találtam magam, akkor jöttem rá, hogy az életem irányítása kicsúszott a kezeim közül és teljesen kiüresedtem. Nem volt egyensúly. Nem volt szeretet. Nem voltak valódi kapcsolataim. Olyanná váltam, mint azok az elfoglalt, magányos emberek, akikről énekeltem. Rájöttem, hogy az élet igazi gazdagsága nem a külső forrásokból érkezik. Mélyre kellett ásnom magamban, és fel kellett tárnom az érzéseimet. Így nekivágtam. Hirtelen felhagytam minden függőségemmel. Egy darabig azt gondoltam, hogy belehalok az elvonási tünetek okozta fizikai fájdalomba. Az elvonókúra végén érkezett az igazi kihívás, amikor az évek alatt elfojtott érzelmi fájdalmat kellett átélnem és átéreznem.

Hosszú időbe telt, amíg megtanultam, hogy az életemet hogyan éljem egyensúlyban. Ma már egyetlen dal képes könnyre fakasztani. Egy csepp bor elég ahhoz, hogy ellazuljak, és szeretek időt tölteni és nevetni az emberekkel.

AJÁNDÉKOM SZÁMODRA

Puszta élvezet vagy szórakozás helyett a valódi *gazdagságot* hoztam el neked. Azt szeretném, hogy a legtöbbet hozd ki az életedből, és ezzel járulj hozzá mások életének gazdagodásához. Ehhez először meg kell tanulnod egyensúlyba hozni a szórakozást a komolysággal és rá kell ébredned minden olyan cselekedetedre, amivel eltereled a figyelmed arról, hogy ki vagy te és mik a valódi érzéseid. Eljött az ideje annak, hogy megtanulj különbséget tenni aközött, hogy mi az, ami ténylegesen táplál téged és mi az, ami elszívja az életerőd. Vedd észre, hogy mikor vagy még mindig az érzékeid, a mértéktelenséged és az önmarcangolásod áldozata. Kevésbé érdekel az, hogy mit cselekszel, mint az, hogy honnan jöttél. Ha félelemből cselekszel, akkor nagy a valószínűsége annak, hogy túl sokat, túl keveset teszel, vagy épp a nem megfelelő időben teszed azt. Amikor szeretetből cselekszel, akkor viszont nem lesz szükséged szabályokra és előírásokra, hogy azok vezessenek téged.

Végül a hála tölti ki a figyelmed és jelenléted önmagában gazdagítja a világot.

KONTEMPLÁCIÓT SEGÍTŐ KÉRDÉSEK

- Mire, vagy kire nem tudsz 'nemet' mondani?
- Miben ingerled túl magad? Mitől fosztod meg magad?
- Időnként mogorvának, zsibbadtnak vagy lelkileg kimerültnek érzed magad?
- Gyakran érzed magad túlingereltnek?
- Melyek a legmeghatározóbb figyelemelterelő módszereid mostanában?
- Gondold át, hogy mi és ki az, aki igazán gazdagítja az életed?
- Mikor volt az utolsó alkalom, amikor valakinek gazdagítottad az életét?
- Válaszd ki az egyik kedvenc figyelemelterelő módszered. Engedd el a mai napra. Figyeld meg mi történik ennek hatására.

Valaháhyszor megbízunk a megérzéseinkben vagy a döntéseinket erre alapozva hozzuk meg, megemeljük az egész auránk frekvenciáját.

Árnyék: Rosszközérzet
Ajándék: Intuíció
Szidhi: Világosság
Programozó partnere: 51

~ Richard Rudd

57

BÖLCSESSÉGEM TÖRTÉNETE

Születésem előtt édesanyámnak három vetélése volt. Várandóssága alatt, sokszor feszült volt, és amíg kicsi voltam, bizonytalan és túlóvó anya volt. Folyton azon aggódott, hogy megbetegszem, vagy balesetet szenvedek. Ragaszkodott a racionalitáshoz, mintha az élete múlt volna rajta. Végül az érvek és ellenérvek megbénították. Édesapámat is türelmetlenné és indulatossá tette, ami kockázatos pénzügyi döntéseket eredményezett a részéről, ezért anyám még szorongóbbá vált.

Közel álltam a szüleimhez, ezért gondolataikat és érzelmeiket úgy éltem át, mintha az enyémek lettek volna. Ahogy érettebb lettem, szembesültem azzal a küzdelemmel, amit szüleim az élettel folytattak, és ami annyi fájdalmat és frusztrációt okozott nekik. Amikor döntéseket hoztak, az ellentétes stratégiák, a túlzott racionalitás és impulzivitás egyaránt haszontalannak tűntek. Nyugtalanságukra megoldást akartam találni, ezért alternatív lehetőségeket kerestem az igazság és a megismerés megközelítéséhez.

Tanulni kezdtem az *intuícióról*, ESP tartalmú könyveket olvastam, jóskártyákat használtam és pszichés képességeimet fejlesztettem. Azonban mikor felfedeztem az asztrológia mély és határtalan világát, megvilágosodtam. Nem tudtam betelni vele. Miután megszállottan tanulmányoztam a születési képleteket, tudomást szereztem a tranzitokról, imáim meghallgattattak. Végül megtanultam a jövőben olvasni, és ezáltal segíteni az embereket abban, hogy leküzdjék szorongásaikat és bizonytalanságaikat. Karrierem hirtelen fellendült, és az asztrológia az életem részévé vált. Ahhoz, hogy bármit tegyek és irányítsak, szükségem volt a csillagok áldására. Ragaszkodtam a pénzhez, státuszhoz, és a sikereim által elért biztonsághoz. Azonban idővel egyre paranoidabbá váltam és nem vettem figyelembe saját *intuíciómat*.

Amikor figyelmen kívül hagytam a megérzéseimet szeretett anyámmal kapcsolatban, mert a csillagok mást jeleztek, és ő mégis beteg lett, a szégyen és bűntudat érzése árasztott el. Hogy tudtam ennyire eltávolodni a saját belső tudásomtól? Engem ez teljesen lesújtott. Ekkor értettem meg, hogy az élet bizonytalan. Nem számított mennyire képzett voltam, vagy mennyire pontos volt az asztrológia, nem irányíthattam az életet, vagy menthettem meg az embereket az ismeretlentől.

Öt évig egyetlen tranzitot sem követtem. Megtanultam elfogadni és szembenézni a fájdalommal, szépséggel és bizonytalansággal. Most már az *intuíciómat* és az asztrológiai eszközöket nem félelemből, hanem szeretet és játékosság által vezérelve használom. Végre megnyugodtam.

AJÁNDÉKOM SZÁMODRA

Azért jöttem, hogy emlékeztesselek arra a csendes belső hangra, ami összeköt téged az élet egészével. *Intuíciód* az egyik legnagyobb ajándékod. Bízz benne. Olyan világban élünk, amely megszállottan keresi mindennek az okát. Hatalmas hangsúlyt fektetünk az elme feltárására és meghódítására. Azonban neked megvan a képességed ahhoz, hogy felfedezd a valódi tudást. Előre sejthetsz valamit, mielőtt látnád, hallanád, éreznéd vagy ízlelnéd azt. Itt az ideje, hogy átöleld elsődleges ösztöneidet, és ne elméletekre és módszerekre támaszkodj. Nem azt sugallom, hogy tedd félre az intellektusod vagy az eszközeid. Csupán engedd, hogy mindezek az *intuíciódat* szolgálják. Ha ennek művészetét megtanulod, azt fogod érezni, hogy eltűnik a félelem, a kapcsolataid könnyedebbé válnak és a dolgok simán mennek. Bízz a gyengéd belső hangodban. Hallgass figyelmesen.

KONTEMPLÁCIÓT SEGÍTŐ KÉRDÉSEK

- Időnként elnyomod *intuíciódat,* vagy igent mondasz, még mielőtt készen állnál, mert félsz attól, hogy kimaradsz valamiből, vagy mert az egyértelmű válaszra való várakozás nyugtalansággal tölt el?

- Kihagysz-e gyönyörű lehetőségeket csak azért, mert félsz előre lépni vagy bízni a megérzéseidben?

- Az aggodalom, a kétely, a szorongás elnyomják *intuíciódat*?

- Szentelj különleges figyelmet belső, gyöngéd hangodra és a tiszta, spontán felismeréseidre.

- Jelenleg mit üzen neked az *intuíciód*? Kövesd ma üzenetét, akkor is, ha elméd ellenáll neki. Lásd, hogy mi történik.

*A megnövekedett életkedv
valójában nagyobb
szabadságot jelent*

Ajándék: Életöröm
Árnyék: Elégedetlenség
Szidhi: Boldogság
Programozó partnere: 52

~ Richard Rudd

58

BÖLCSESSÉGEM TÖRTÉNETE

Amint képes voltam lábra állni, máris szörfdeszkára álltam. Fiatal fiúként mindig a vízben akartam játszani és a hullámokat lovagolni. Egy napon, szörfözés közben tapasztaltam meg a tiszta *gyönyört*. A következő 10 évet azzal töltöttem, hogy ezt az élményt kerestem, és próbáltam újra megteremteni. Keményen dolgoztam azért, hogy fejlesszem az ösztöneimet, a kitartásomat és a különféle készségeimet. Minél erősebb lettem, annál nagyobb késztetést éreztem arra, hogy a világot is jobbá tegyem.

Ezért úgy merültem bele az önsegítő filozófiákba, mint az óceánba. Egyik könyvtől és tanártól a másikig úszva, de soha nem találtam egyetlen olyat sem, ami igazán kielégített volna. A valódi értelmet tükröző igazságokat a szörfözésben találtam meg. A szörfözés megtanított arra, hogyan tegyek különbséget az egészséges és egészségtelen félelem között. Tanított a maximalizmusról és a rugalmasságról. Az örömről és a szabadságról. Megtanított a *jelenben* lenni. Aztán írtam egy könyvet, és mielőtt még észbe kaptam volna, az egész országban inspiráltam az embereket, turnék keretében.

Azonban még mindig elégedetlennek éreztem magam. A tanítás és az utazás stresszes volt és a szörfözésre nem maradt időm. Ezért útnak indultam egy híres szörfparadicsomba, azzal a céllal, hogy elszakadok a világtól és újra kapcsolódom az örömforrásommal. Szörfözés közben azonban egy olyan hullámmal találkoztam, amire nem voltam felkészülve.

A baleset során olyan súlyos testi sérülést szereztem, hogy az orvosok azt mondták, meg van az esélye, hogy nem fogok tudni járni. A kórházban kezdődött az igazi spirituális utam, miközben hónapokig csak feküdtem. Eleinte darabokra hullott a lelkem. Idővel azonban, ahogy elfogadtam, hogy ez az új életem, megtanultam a legmélyebb szinteken, hogy nincs jövő és nincs múlt. Csak a *jelen* létezik. Bármikor, amikor ezzel az igazsággal harcoltam, magával az *élettel* szálltam szembe.

Amint átadtam magam ennek az igazságnak, a *gyönyör* váratlan pillanatai kezdték az életemet áthatni annak ellenére, hogy kevés olyan dolog volt az életemben, aminek örülhettem. Két éven belül újra jártam. Még két év telt el, mire újra szörfdeszkán voltam. Anynyira hálás voltam, hogy egyáltalán ott lehetek, hogy minden ragaszkodásom eltűnt. Ez már nem a hullámokról, a képességemről vagy az előadásról szólt, de még csak nem is a csodálatos élményről. Csupán arról, hogy *létezem*. Egy kis vízcsepp és a hatalmas óceán, mind egyidőben.

Manapság különböző csoportokat viszek az óceánhoz, ahol mindenféle testalkatú, korú és képességű emberek úszhatnak delfinekkel. Minden nap tanúja vagyok annak, ahogy az öröm és a szabadság hullámai felszínre törnek belőlük. Egy percét sem bánom annak a fájdalmas, de átalakító utazásnak, ami által eljutottam idáig.

AJÁNDÉKOM SZÁMODRA

Azt szeretném megosztani veled, hogy itt az ideje, hogy abbahagyd a küzdelmet a saját természeted ellen. Olyan életerővel és *vitalitással* születtél, amelynek meg kell nyilvánulnia rajtad keresztül. Megpróbálhatsz az útjába állni azáltal, hogy ragaszkodsz egy élményhez, vagy hogy ellenállsz az elégedetlenségnek. De semmit nem tehetsz azért, hogy a benned lüktető élettől megszabadulj. Nyugodtan megadhatod magad. Az elégedetlenség az élet velejárója. Nélküle egyikünk sem fejlődne, vagy lenne motivált arra, hogy a világot jobbá tegye. Amikor ellenállás vagy ítélkezés nélkül megengeded az életnek, hogy rajtad keresztül megnyilvánuljon, a *gyönyör* természetes módon megszületik. A jövő nem a te kezedben van. Még csak nem is létezik. Csak a *jelen* pillanat létezik. Ezért engedd el a jövőbe tekintést, hagyd az életet a maga módján áramlani és figyeld, ahogy a célod felfedi önmagát.

KONTEMPLÁCIÓT SEGÍTŐ KÉRDÉSEK

- Még mindig ragaszkodsz ahhoz az elképzelésedhez, hogy képes vagy rá és alkotnod kellene egy tökéletes, nyugodt jövőt az életed hátralevő részére?
- Próbálsz egy korábbi örömteli élményt újra megteremteni?
- Kívül keresed a boldogságot?
- Hogyan járultak hozzá a személyes fejlődésedhez és növekedésedhez a kellemetlen tapasztalataid? És a szolgálathoz, amit nyújtasz?
- Mikor éreztél magadban utoljára *vitalitást* és *gyönyört*?
- Készíts egy listát az életed legnagyobb *elégedetlenségeiről*. Hogyan próbálod megoldani, vagy elkerülni az *elégedetlenséget*? Egy napra vagy egy hétre menj el "fogadalom" diétára.

Amint a szívünk kinyílik, megszületik az igazi intimitás és két ember találkozása egyetlen tudatosságon belül.

Ajándék: Intimitás
Árnyék: Őszintétlenség
Szidhi: Átlátszóság
Programozó Partnere: 55

~ Richard Rudd

59

BÖLCSESSÉGEM TÖRTÉNETE

A szüleim között nagy volt a vonzalom, de a kapcsolatuk tele volt feszültséggel és konfliktussal. Az apám folyton arról panaszkodott, hogy csapdában érzi magát. Amikor szórakozni ment este, az anyám tolakodó kérdésekkel bombázta és jeleneteket rendezett, mert nem vallotta be a legújabb házasságtörési kísérleteit. Általában dühösen távozott, kivonva magát a családi életből. Ez a jelenet újra és újra lejátszódott ahelyett, hogy megosztotta volna, mennyire kirekesztettnek érzi magát.

A szüleim gyerekkorom során rengeteg titkot őriztek és soha nem tisztázták a sérelmeiket. Mélyérzésű, szégyenlős és introvertált kamasz voltam. A testvéreimmel ellentétben soha nem tudtam rájönni, hogyan lépjek kapcsolatba az ellenkező nemmel. Az egész annyira kuszának tűnt. Inkább otthon maradtam, amíg a testvéreim randiztak, ugyanolyan kirekesztettnek érezve magam, mint az anyám. Még akkor is, amikor elhívtak magukkal, vagy megpróbáltak felvidítani, meg voltam róla győződve, hogy csak sajnálnak, és valójában nem akarják, hogy ott legyek, ezért visszautasítottam a meghívást.

Ahogy idősebb lettem, megismerkedtem férfiakkal, de soha nem vonzódtam a kedvesebb fajtához. Amikor valakihez vonzódni kezdtem, általában egy rossz fiúhoz, bizalmatlanságot éreztem és bezárkóztam. Mindez addig folytatódott, amíg találkoztam egy férfival, akinek nem tudtam ellenállni. Szexuálisan annyira erőteljes vonzalmat ébresztettünk egymásban, hogy az a spirituális szinteket súrolta. Először házasságról és gyerekekről fantáziáltam.

Ő nem volt rossz fiú és őszinte törődést tapasztaltam tőle. A félelmeimet azonban vele szemben sem tudtam kontrollálni, így azok gyakran eluralkodtak rajtam. Hogy elkerüljem a veszteséget, elrejtettem személyiségem egyes aspektusait és hogy az érdeklődését fenntartsam, játszmázni kezdtem. Gyakran kétségbe vontam, hogy ő valójában velem akar lenni, ezért kivontam magam a szociális életéből, majd kirekesztve éreztem magam. Vagy amikor azt éreztem, hogy kicsúszik a kezeim közül, megpróbáltam megakadályozni, hogy társasági életet éljen. Amikor kontrollálónak, féltékenynek és őszintétlennek nevezett, szakítottam vele.

Hosszú ideig gyászoltam a kapcsolatunkat és sokáig éreztem a terrort a szomorúság és a harag mögött, melyet egész gyerekkorom óta cipeltem. A saját magammal szemben és a kapcsolataimban gyakorolt radikális őszinteséghez vezető hosszú út kezdete volt ez a tapasztalat. Manapság, a szeretett társam és én pároknak segítünk abban, hogy szembenézzenek a félelmeikkel, megosszák egymással az igazságot, meghallgassák egymást és megnyissák a szívüket egymás felé ahelyett, hogy eltolnák egymást. Az *intimitás* a legnagyobb tanítóm és a spirituális utam.

AJÁNDÉKOM SZÁMODRA

Itt az ideje, hogy tisztán kapcsolódj azokhoz az emberekhez, akiket szeretsz. Ahhoz, hogy igazi *intimitásban* élj, magaddal kell teljesen őszintének lenned és hajlandónak arra, hogy elfogadd és kifejezd a legmélyebb félelmeidet. Értsd meg azt, hogy amikor kinyitsz egy ajtót egy másik ember felé, akkor elengeded az irányítást és megnyitod magad arra, hogy mélyebb érzelmi szinteken is behatások érjenek. Amennyiben múltbeli sérelmeket hordozol, mint ahogy legtöbben hordozunk, ez félelmetes lehet. Még ha csapdában érzed is magad, vagy elhagyatottan, akkor sem ítélkezz az érzéseid felett. A jutalmad a szabad kreativitás, szépség és érzékiség lesz, valamint a csodálatos lehetősége annak, hogy a tudatosság magasabb síkján kapcsolódj egy másik emberrel. Két nyitott szív számára nem léteznek határok.

KONTEMPLÁCIÓT SEGÍTŐ KÉRDÉSEK

- A társad elvesztésétől való félelmed visszatart attól, hogy őszinte légy és hogy még teljesebben elkötelezd magad? Ez okozza, hogy túl csábítóan viselkedsz vagy kontrollálni akarod a partnered?

- A csapdába esettségtől való félelmed szabotálja egy jelenlegi (vagy potenciális) kapcsolatodat? Gyakran tervezgeted a menekülést?

- Időnként kirekesztettnek érzed magad, vagy saját magadat rekeszted ki a félelmeid miatt?

- Gyakran meglepődsz azon, hogy milyen emberekhez vonzódsz?

- Gondolj vissza egy olyan időszakra, amikor bátran *átlátszó* tudtál maradni. Hogyan fogadták ezt mások? Hogyan érezted magad?

- Jegyezd fel és gondolkozz el a legnagyobb 'kapcsolati határaidon' amikor elérkezik a pillanat, hogy másokban megbízz. Hogyan tudnál ebben rugalmasabb lenni?

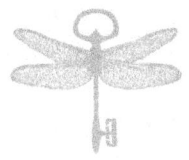

*A varázslathoz csak
valamilyen struktúrára
és nyitott elmére van szükség!*

Ajándék: Realizmus
Árnyék: Korlátozottság
Szidhi: Igazságszolgáltatás
Programozó Partnere: 56

~ Richard Rudd

BÖLCSESSÉGEM TÖRTÉNETE

A világnak egy olyan szegletében nőttem fel, ahol a vallásos fanatizmus, a szegénység és az *igazságtalanság* volt a norma. Az elnyomásra válaszul az emberek csodáért imádkoztak. Gyerekként én is imádkoztam - egy szebb világért, ahol a nőknek és a gyerekeknek vannak jogaik.

Ahogy egyre idősebb lettem, belefáradtam az imádkozásba. A mágikus gondolkodás senkinek nem hozott változást, és én nem bíztam az országom jogaiban vagy a jogszolgáltatókban. Amikor a diktatúrát ledöntötték, megnyílt a lehetőség arra, hogy a hozzám hasonló lányok egyetemre járjanak. Azonnal tudtam, hogy jogász leszek, hogy az országom beteg működését belülről legyek képes megváltoztatni.

Családom egyetlen olyan lánygyermekeként, aki valaha magasabb végzettséget szerzett, tanulmányokba temettem magam, minden elképzelhető törvényt megtanultam, és képzett szónokká váltam, minden érvet és megcáfolhatatlan bizonyítékot felhasználva a hatalmon lévő elnyomó rendszerrel szemben. A munkában sikeres voltam, de belül elveszettnek és bizonytalannak éreztem magam és szociális életem sem volt. Nem voltak igaz szövetségeseim. Az elmém bezárt, zárkózottá és merevvé váltam. Elfelejtettem hogyan kell álmodni és elvesztettem a kapcsolatot az *igazságszolgáltatás* szeretetével, ami eredetileg a tanuláshoz és szolgálathoz vezetett.

Még neheztelni is kezdtem azokra a nőkre, akiknek a jogaiért harcoltam. Ha nem értettek egyet velem, vagy nem értékelték mindazt, amit csináltam, dühbe gurultam. Teljesen megfeledkeztem arról, hogy mi is kell valójában a jobb életről szóló álmaik valóra váltásához. Ők pedig mérgesek voltak rám, mert annyira el voltam foglalva a jogaik védelmével, hogy elfelejtettem szeretni, tisztelni őket és olyan emberként tekinteni rájuk, akiknek megvan a saját hangja. Amikor az egyik leghűségesebb támogatóm visszatért a fanatikus gyökereihez, feleszméltem. Abbahagytam a vitatkozást és elkezdtem meghallgatni az általam képviselt emberek álmait, igényeit és vágyait. Most már a felszín mögé látok és értékelem mindenki elnyomott részét. A jogi ismereteimet támogatásra és megerősítésre használom. A nyitott elmém és az álmodozó szívem inspirál mindenben. Megtanultam, hogy a valódi *igazságszolgáltatáshoz* egy egész falu kell, és hogy a világ jobbá tétele lehet egy élvezetes, kapcsolatokat tápláló folyamat.

AJÁNDÉKOM SZÁMODRA

A *realizmus* és a józan ész szeretetét hozom el neked. Azt akarom, hogy maradj kapcsolatban az ideáljaiddal és vízióiddal anélkül, hogy szem elől tévesztenéd a kreatív folyamat gyakorlati szempontjait. Mint ahogy egy magnak szüksége van a héjra és a folyónak a partra, az álmaidnak szükségük van rád, hogy megértsd a világ eredendő struktúráit, így életre tudod kelteni őket. Ne úgy tekints ezekre a struktúrákra, mint fojtogató vagy örökké tartó *korlátozások,* hanem mint támogató hajó, tökéletesen arra tervezve, hogy oda vigyen, ahova menned kell és nem tovább. Emlékezz arra, hogy az álmaidat gondosan ápold, míg a rendszereket, vallásokat és gondolatokat lazán kezeld. Barátkozz meg a bizonytalansággal, gondolkozz a kereteken túl és használj játékos nyelvezetet. A látszólagos stagnálás nem jelenti azt, hogy semmi sem történik. Minden, ami igazi érték, az benned él. Légy az Univerzum szeme, füle és elméje, így hamarosan csodákra leszel képes!

KONTEMPLÁCIÓT SEGÍTŐ KÉRDÉSEK

- Hajlamos vagy elmenekülni a struktúra és kötelezettségvállalás elől?
- Nehezen találtál igaz szövetségeseket?
- Ritkán veszel részt tartós dolgokban?
- Erősen ragaszkodsz a saját gondolkodásodhoz és módszeredhez?
- Ha bizonyos struktúrák nem lennének az életedben, az a szétesésedhez vezetne?
- Ha túlságosan korlátolttá válsz: válassz ki egy rendszert, amihez mereven ragaszkodsz, találj egy konkrét módot arra, hogy egy kicsit kevésbé ragaszkodj hozzá ezen a héten.
- Ha hajlamos vagy struktúrálatlanná válni, válassz ki egy területet, ahol nehézségeid vannak a fegyelemmel és kísérletezz azzal, hogy végigviszed a folyamatot.
- Gondolkodj el a legpozitívabb élményeiden, amik a *realizmussal* és *igazságszolgáltatással* kapcsolatosak

A kreativitás a legfontosabb Ajándék, amely kihúzhatja az emberiséget a tömeges pszichózisból.

Ajándék: Inspiráció
Árnyék: Pszichózis
Szidhi: Szentség
Programozó Partnere: 62

~ Richard Rudd

61

BÖLCSESSÉGEM TÖRTÉNETE

A "miért" kérdéssel jöttem e világra. A fiúk miért értékesebbek a lányoknál? Miért van háború? Isten egyáltalán egy szerető Isten? Ezeket a kérdéseket abban az időben az én országomban nem volt szabad feltenni. Bár megtanultam csendben maradni, a vallás iránti vonzalmam egész fiatal felnőttkoromat végigkísérte. A vallásokból kiábrándult szüleim és az országot fanatikusan ateistaként irányító párt akarata ellenére minden apró információt összegyűjtöttem, amit csak lehetett az idősebb rokonaimtól, ami a konfucianizmusról, a taoizmusról és a buddhizmusról szólt.

Amikor az új alkotmány elfogadásra került és a "szokásos vallási tevékenységek" engedélyezve lettek, azonnal az iszlám és a keresztény vallás kutatásába kezdtem. Amikor nyugatra költöztem, és végre bármit szabadon felfedezhettem, vallások tanulmányozására fordítottam az időm, főleg olyanokra, amelyek tiltottak voltak számomra azelőtt.

Minél többet tanultam, annál összetettebb képet kaptam. Tudnom kellett ezeknek a vallásoknak, mitológiáknak és archetípusoknak az őseredetét. Miért volt olyan sok évezredekre visszanyúló megmagyarázhatatlan párhuzam a világvallások között? Honnan (és kiktől) származnak azok a csodálatos szent épületek és templomok valójában? A régészet felé fordultam és egy féreglyukon keresztül katapultáltam, amely mindent megkérdőjelezett, amit addig a valóságról tudtam.

Az utazásom a Bibliától Egyiptomig, Sumériáig, Lemuriáig, az Atlantiszig és még tovább vezetett. Olyan sok hiányosságot tártam fel a tudományos gondolkodásban, hogy meg kellett fontolnom a legfurcsább lehetőségeket, az ókori űrhajósoktól kezdve a csillagokig, a szivárványtestekig, az időutazásig, a sokdimenzióságig, a szupernóvákig, a gömbökig, az óriásokig és a tündérekig. A reinkarnáció, a paranormális jelenségek, az UFOk, a gabonakörök és a halálközeli élmények megszállottja lettem. Minden új válasz egy új kérdéshez vezetett. Az emberek őrültnek gondoltak bizonyos elképzeléseim miatt vagy azért, mert nem értettem egyet velük.

A belső nyomás, hogy megismerjem a valóságot, elviselhetetlenné vált. Amikor végül abbahagytam a próbálkozást, hogy megszabaduljak a nyomástól és inkább beleengedtem magam, az intellektusom szétesett. Még én is elhittem, hogy megőrültem. De hamarosan rájöttem, hogy a Földön gyakorlatilag a legtöbb ember *pszichotikus*. Egyikünk sem látja a valóságot. Attól a pillanattól kezdve többé nem tettem fel azt a kérdést, hogy 'miért' és akkor megérkezett az *inspiráció* áldása. A leglátványosabb művészet kezdett áramlani rajtam keresztül. Többé nem kell megértenem a valóságot. Közvetlenül érzékelem.

AJÁNDÉKOM SZÁMODRA

Azt szeretném átadni neked, hogy az *inspirációt* nem tudod erőltetni, vagy előre megjósolni. A múzsa a saját feltételei szerint, a megfelelő időben érkezik. Nyomásként nehezedik az életedre, az ismeretlenbe csábít, befelé önmagadba és a gyökereidhez hívogatva. Ez nem mindig a játékról és a nevetésről szól. Néha azért jön, hogy felforgassa a gondolkodásmódod, teljesen felrázza a valóságról alkotott képed és a szeretetre való képességed. Ahhoz, hogy megfelelően be tudd őt fogadni az életedbe, óriási türelemre és bizalomra van szükséged. Légy hajlandó elfogadni a saját belső titkaidat, igazságodat és minden körülötted lévő rejtélyt. Amikor nem érzékeled, akkor is tudd, hogy ott munkálkodik a háttérben. Ne keresd magadon kívül a Szellemet. Légy te magad a Szellem.

KONTEMPLÁCIÓT SEGÍTŐ KÉRDÉSEK

- Lehetséges, hogy egy filozófiával, rendszerrel vagy egy úttal kapcsolatos bizonyosságod az ismeretlentől való mélyebb félelmet rejti magában?

- Nehéz lazítanod, amikor nem találod a választ a nagy Miértre? Próbálj meg egy kis időt eltölteni úgy, hogy nem akarsz olyan erősen megértést találni.

- Feladtad a kutatást azzal kapcsolatban, hogy ki is vagy valójában és honnan jöttél? Félsz attól, hogy túl mélyre ásol? Válassz ki egy szokatlan kérdést és áss mélyre.

- Tapasztaltál már valamilyen összeomlást (fizikai, érzelmi, mentális vagy spirituális), ami egy *inspirációs* áttöréshez vezetett?

*Az Intelligencia a szívé,
míg az Intellektus az elméé*

Ajándék: Pontosság
Árnyék: Intellektus
Szidhi: Kifogástalanság
Programozó Partnere: 61

~ Richard Rudd

62

BÖLCSESSÉGEM TÖRTÉNETE

Élénk gyerek voltam, mindenhol cigánykereket hánytam és a széllel táncoltam. Az iskolában viszont arra neveltek, hogy üljek csendben, tanuljak és bizonyítsam be mennyire okos vagyok azáltal, hogy jól teljesítek a teszteken, és meggyőző esszéket írok. Gyors észjárású voltam, így az agyam hamar megtelt tényekkel. Mindenki elvárta tőlem, hogy valamilyen fontos emberré váljak, én pedig megfeleltem ennek az elvárásnak.

Kijártam az orvosi egyetemet, ahol az emberi testről, mindenféle tünetekről, betegségekről és gyógyszerekről tanultam. Nem sokkal később hosszú órákat dolgoztam egy forgalmas, jó hírnevű kórházban. Amikor a betegekkel foglalkoztam, kerestem a problémákat, részletes jegyzeteket készítettem és végigfuttattam a tüneteiket a fejemben tökéletesen felsorakoztatott patológiák listáin. Ritkán ültem le melléjük, hogy a szemükbe nézzek, meghallgassam a történetüket vagy elmerüljek a bölcsességükben. Tudálékosan beszéltem olyan betegekkel, akik alternatív gyógymódokat vagy az ima erejét említették. Viselkedésem rögeszmés volt és folyamatosan kerültem a pácienseim fájdalmát csakúgy, mint a sajátomat.

Akkor változott meg minden, amikor egy szokatlan beteg látogatott el hozzám. Saját betegsége és szenvedése ellenére túllátott az engem elborító stresszen és megérezte bennem a magányosságot. Vizsgálat közben érdeklődni kezdett hogylétem iránt. Boldog vagyok-e? Van valami, amit tehet értem? Valamiért meg tudtam nyílni neki és elmeséltem az életemet. Az állandó migréneket, hogy úgy éreztem elúszom a részletek és kötelezettségek tengerében. A beszélgetésünk végén megfogta a kezeimet és csendesen azt javasolta, hogy vegyek részt egy jóga órán. Ajánlott nekem egy tanárt. Valamiért hallgattam rá. Soha nem fogom elfelejteni milyen kellemetlenül éreztem magam az óra elején, és azt sem, ahogy a testem és az elmém, mint a vaj, úgy puhult meg minden egyes póznál, ahogy nyújtottam, lélegeztem és ellazultam. A tanár könnyedén, kecsesen és kifogástalanul mozgott. Ahelyett, hogy beszélt volna, gyengéden a hátamra tette a kezét, miközben kicsordultak a könnyeim. Mennyire hiányzott nekem az a cigánykerekező lány, aki semmi mást nem tudott az emberi testről, csak azt, hogy hogyan éljen benne és élvezze. Mostanra mindenbe, amit csinálok integrálom a jógát, a mozgást és a meditációt. Az elmém még a legforgalmasabb körülmények között is elbűvölően nyugodt marad. Többet hallgatok, amikor páciensekkel találkozom, és lenyűgözőnek találom, hogy a saját testük mindig tudja mire van szüksége. A szívem és a testem békében van.

AJÁNDÉKOM SZÁMODRA

Szeretném, ha ismernéd a különbséget az értelem és az igazi *intelligencia* között. Az *intellektus* az elméd képessége arra, hogy gondolkozzon, tényeket gyűjtsön és használja a tudást a beszélt nyelv segítségével. Ez nagyszerű, de vannak határai. Minél intellektuálisabb vagy, annál kevesebb igazi *intelligenciát* használsz. Következő alkalommal, amikor szemügyre veszed a környezeted, nézz körbe teljes szívedből. Vidd magaddal titokzatos világunk esszenciáját lelked mélyébe és elkezded megízlelni az igazi *intelligenciát*. Ebből a mélységből kevésbé fogsz a lehetséges megaláztatással törődni, míg annál többet azzal, hogy szeretettel szólj, írj és fedezz fel új dolgokat. Az egyszerűség nyelvén szólva a *pontosság* megtestesítőjévé válsz és átalakítod a világot.

KONTEMPLÁCIÓT SEGÍTŐ KÉRDÉSEK

- Megrekedve érzed magad az élet részleteiben és nem találsz kreatív megoldást?
- Nehéz kikapcsolni az elméd? Folyton kattog?
- Az elméd gyakran darabokra szedi az emberek gondolkodási hibáit?
- Menj el egy szívbeli sétára. Ahelyett, hogy a világot szemlélnéd és tényeket állapítanál meg, nézd meg, hogy képes vagy-e kifogások nélkül érezni a szellemet. Hallgasd a fákat. Érezz bele az emberekbe. Vedd észre, hogy milyen hatással van ez arra, ahogy érzel és kommunikálsz. Légy nyitott a csodára, amint újra kapcsolódsz az igazi *intelligenciáddal*.

*A logikus emberi elme
egyszerűen úgy van kitalálva,
hogy semmi másban
nem lehet biztos,
csak a paradoxonokban!*

Ajándék: Vizsgálat
Árnyék: Kétely
Szidhi: Igazság
Programozó Partnere: 64

~ Richard Rudd

BÖLCSESSÉGEM TÖRTÉNETE

Gyermekként, ha a szüleimnek feltettem egy kérdést, logikára és bizonyosságra alapozott választ kaptam. A szivárvány egy meteorológiai jelenség volt, és az unikornisok fizikai lehetetlenségek. Én mégis oly sok mindenről ábrándoztam. Minél többet nevettek a szüleim a "különös" kérdéseimen, annál hülyébbnek gondoltam magam.

Fiatal felnőttként minden gondolat, fantázia és vélemény, ami felmerült bennem, egy belső kritikus szűrőn esett át. Folyton kétségbe vontam, hogy ki vagyok, mit gondolok, mit csinálok és mit érzek. Döntéshozatalnál újra és újra megkérdőjeleztem magam, míg eljutottam a bénulásérzésig vagy impulzivitásig. Nem tudtam ellazulni, amíg el nem jutottam a dolgok végéig, meg nem láttam a teljes mintát vagy meg nem láttam az objektív igazságot, amit természetesen sosem találtam meg, ezért még feszültebb lettem.

Ezért egyre többet és többet tanultam…és az önmagammal kapcsolatos kétségeimről nem beszéltem senkinek. Bár nyugodtnak és logikusnak tűntem, a magánéletemben dühös és ellenséges voltam. A szerelmem kifejezett egy érzést, én pedig megszállottan kerestem a helyzet objektív igazságát, miközben a lényeget teljesen elszalasztottam. Egyre gyanakvóbbá váltam, folyton arra számítva, hogy mások nem értenek egyet, kétségbe vonnak vagy félreértenek. Harcoltam, védekeztem és bizonyítékokat gyűjtöttem, különösen akkor, amikor mások nem értettek meg egy összetett helyzetet. Bár én ragaszkodtam ahhoz a gondolathoz, hogy valakinek mindig igaza van, míg a másik ember téved, ez soha nem így működött.

Amikor az önmagammal kapcsolatos kétely olyan mértéket öltött, hogy már nem tudtam aludni, szakmai segítséget kértem. Életemben először nyíltan tudtam beszélni a gyötrő kétségeimről. Először kétségbe vontam, hogy a terapeuta segíteni tud nekem, de ő kitartott és arra bíztatott, hogy ne reagáljak a kétségeimre akkor sem, amikor a legintenzívebben jelentkeznek.

Segítségével egy idő után megtanultam értékelni az elmém egyedi ajándékát, a *vizsgálatra* való képességet és képes voltam az élet ellentmondásos természetét magamhoz ölelni. Támogatással kialakítottam egy gyakorlatot, ami a tudatos jelenlétet segítette. Amint az elmém egy szeretetteljesebb megfigyelővé vált, észrevettem, hogy sok más ember hozzám hasonlóan küzd az önmagával kapcsolatos kétségekkel és hogy a megértéssel kapcsolatos szenvedéseim az emberi fejlődés természetes részét képezik. Ma másoknak segítek különböző tudatállapotok megélésében és abban, hogy felfedezzék az élet igazi rejtelmeit.

AJÁNDÉKOM SZÁMODRA

Ünnepelni jöttem a *vizsgálat* iránti szeretetedet, de emlékeztetni is szeretnélek arra, hogy a kíváncsi elme és a kételkedés a világ szolgálatába állítva leghasznosabb, nem pedig akkor, ha önostorozásra használod. Próbáld ki, meg tudod-e tartani az élet iránti kíváncsiságod akkor is, ha nem ragaszkodsz a válaszok megtalálásához. Maradj nyitott a tanulásra, miközben az élettel kapcsolatos megértésed összetettebbé és ellentmondásosabbá válik. Légy kíváncsi a saját szenvedésedet illetően, mert az fogja megnyitni az együttérző szíved. Egy napon a csodálatos elméd vissza fog vezetni önmagadhoz. És hogy is ne tenné? Hisz örökre összefonódsz mindennel, amit valaha tanultál.

KONTEMPLÁCIÓT SEGÍTŐ KÉRDÉSEK

- Kétségek gyötörnek önmagaddal szemben? A kétségeid feszültté tesznek vagy álmatlanságot okoznak?

- Hajlamos vagy gyanakvóvá válni másokkal, mások motivációjával és értékrendjével kapcsolatban? A gyanakvásod miatt mások védekezővé válnak körülötted?

- Hogyan tudnád a *vizsgálat*ra irányuló képességed a világ szolgálatába állítani? Volt már valamikor hasznodra?

- Mit jelent számodra az *igazság*? Az évek során hogyan változott az *igazsághoz* való viszonyod?

- Próbáld megkérdőjelezni a magaddal kapcsolatos kételyeid egy napon keresztül. Figyeld meg mi történik és jegyezd fel a naplódba.

*Amikor engedjük, hogy fájdalmunk,
vagy a világ fájdalma egy
művészi folyamat által kifejeződjön,
szemtanúi lehetünk az alkímia folyamatának.*

Ajándék: Képzelet
Árnyék: Összezavarodottság
Szidhi: Megvilágosodottság
Programozó Partnere: 63

~ Richard Rudd

BÖLCSESSÉGEM TÖRTÉNETE

A háború alatt nagyszüleim kimondhatatlan kegyetlenségek áldozatai lettek. Szüleimmel együtt megmenekültek, miután a család többi tagját brutálisan megölték. Sosem beszéltek a történtekről, és a szüleim tudták, hogy nem szabad kérdezősködni. A múltba tekintés helyett, a szüleim életüket annak szentelték, hogy a gyerekeiknek jólétet teremtsenek, biztosítva számukra a biztonságos, üldözésmentes jövőt, és arra törekedtek, hogy sikeresen beilleszkedjünk, és családunk minden fájdalmát a szőnyeg alá söpörjük.

Fiatal lányként szerettem volna megfelelni a szüleimnek, ezért minden tőlem telhetőt megtettem, hogy azonosuljak a környezetemmel, és hallgassak családunk múltjáról. De nem találtam a helyem, mintha valami lényeges hiányzott volna. A külvilág számára családom tökéletesnek tűnt. Otthon úgy éreztem, mintha egy elefántcsordával élnék egy szobában. Gyakran kényelmetlenül és öszszezavarodottan éreztem magam, mintha nagyon furcsa és túl érzékeny lettem volna.

Amikor a gyökértelenség fájdalma teljesen elhatalmasodott rajtam, elhatároztam, hogy feloldom a rejtélyt. Titokban kutattam minden lehetséges információ után a nagyszüleim országával és családom tragikus háborús történetével kapcsolatban. Végül minden értelmet nyert - az alárendelődő viselkedés és a múlt makacs rejtegetése. Zavarodottságom kezdett csökkenni és növekedett szüleim iránti együttérzésem. A családom azonban még mindig elzárkózott az érzelmeimtől, hogy dühöt éreztem irántuk, amiért nem akarnak szembenézni a saját fájdalmukkal, vagy bármi olyanról beszélni, ami lényeges lett volna. Kimerültem attól, hogy belém fojtották a szót a saját elfojtásuk miatt.

Egy alkalommal, amikor nem bírtam már tovább, kegyetlenül vádolni kezdtem szüleim gyávaságát és múltjukat idéző képeket tettem eléjük. Kirohanásom közepette édesapámat hirtelen mellkasi fájdalom árasztotta el. Szívrohamot élt át. Bár a szívrohamot túlélte, én nagy csalódottságot éreztem és nem tudtam megbocsátani magamnak. Bűntudattól kínozva, találtam egy olyan terapeutát, aki a történelmi traumák gyógyítására specializálódott. Támogatásával sikerült feltárnom a saját elkerülési stratégiámat, melyet pontosan úgy működtettem, mint a szüleim, a hajthatatlan próbálkozások közepette, hogy véget vessek az összezavarodottságnak. Engedtem, hogy az elmém letisztuljon és a szívem átérezze népem tiszta fájdalmát.

Ekkor tudott megtörténni a csoda, melynek következtében *képzeletem* felszabadult. Jelenleg az egész életem egy műalkotás, és mindent, amit teszek, a sötétségen áthatoló fény vesz körül.

AJÁNDÉKOM SZÁMODRA

Azért jöttem, hogy szabaddá tegyem *a képzeletedet*. Ehhez azonban először meg kell áldanod fájdalmadat és összezavarodottságodat a tudatosságod ajándékával. Semmit nem kell tenned az összezavarodottsággal. Nem kell menned sehova. Semmit nem kell kitalálnod. Az *összezavarodottság* egy természetes emberi állapot. Egy szent hely. Ízleld meg, öleld át. Ne próbáld megváltoztatni, megmagyarázni, vagy megszabadulni tőle. Amint tudatosítod, hogy nem vagy azonos az összezavarodottsággal, akkor annak igazi gyémánt minősége kiemelkedik a szénből. A *képzeleted* felszabadul, így egy beteljesítő kreatív folyamat által kifejezésre juttathatod a fájdalmad, és a belső démonjaidat. Mindegy, hogy festesz vagy rajzolsz, minden esetben légy szerény, bátor, logikátlan és vad. Menj oda, ahol még soha senki nem járt előtted.

KONTEMPLÁCIÓT SEGÍTŐ KÉRDÉSEK

- Hogyan kerülöd el a fájdalmaidat és összezavarodottságodat? Beilleszkedéssel, túlgondolással, elfoglaltsággal vagy dühbe gurulsz?
- Hova rejted el egyediségedet?
- Jelenlegi kapcsolataid hogyan erősítik rejtőzködésedet?
- Gondolj egy olyan alkalomra, amikor szárnyalni engedted *képzeletedet*.
- Mi az, ami jelenleg a legtöbb fájdalmat és összezavarodottságot okozza neked? Találj módot arra, hogy kreatívan fejezd ki fájdalmadat, félelmedet vagy összezavarodottságodat. Az alkotásnál nem a szépség a lényeg. Légy őszinte.

TÜKÖR KÁRTYA

Légy önmagad. Ne mások utánzata, hanem legjobb önmagad. Van valami, amit te jobban tudsz csinálni, mint bárki más. Hallgass a belső hangodra és engedelmeskedj neki.

- Ralph Waldo Emerson, Önbizalom

AJÁNDÉK MAGADNAK

Milyen csodálatos, hogy ezt a kártyát húztad! Most ránézhetsz a saját csodálatos, egyedi arcodra és kaphatsz egy különleges ajándékot saját magadtól. A továbbiakban kérdéseket találsz. Légy nyitott a lehetőségre, hogy minden alkalommal, amikor ezt a kártyát húzod, vagy a kártya kiválaszt téged, más válaszok ébredjenek benned. Te egy örökké fejlődő rejtély vagy, egy *Bölcsességőrző*. Élvezd a saját társaságod.

És emlékezz, Te egy ajándék vagy önmagad és a világ számára.

KONTEMPLÁCIÓT SEGÍTŐ KÉRDÉSEK

- Mi a legnagyobb *ajándékod* életed ezen pillanatában?
- Milyen a legnagyobb félelmed? Hogyan befolyásolja ez a félelem a gondolkodásod, az érzelmeidet és a cselekedeteidet?
- A félelemed hogyan tart távol téged attól, hogy felfedezd, magadhoz öleld és kifejezd az *ajándékod*?
- Gondolj egy olyan pillanatra az életedben, amikor teljesen áthatott *a Felsőbb éned*, vagy amikor képes voltál ego-mentesen élni. Hol voltál? Kivel voltál? Hogyan tudnál ahhoz az élményhez most visszakapcsolódni?

Nézz bele a tükörbe. Nézz bele a saját szemeidbe. Figyeld meg az elméden keresztüláramló gondolatokat. Az elméd hajlamos ítélkezni?
Szétszórttá válik?
Kérdéseket tesz fel?
Erőteljes érzések árasztanak el?
Ha meg tudod tenni, hagyd, hogy legyenek.
Semmit nem érzel?
Azt is engedd meg. Bármit érzékelsz, bármi történik, öleld át. Engedd…engedd magad…rendben lenni.

BÖLCS TÖRTÉNETED

Írd le a saját élettörténeted a naplódba. (Nyugodtan egészítsd ki a későbbiekben!). Tartalmazza a küzdelmeket, a jelentős kapcsolatokat és életed fordulópontjait. Oszd meg azokat a pillanatokat a történetedben, amikor a *félelem* győzött. Amikor a *szeretet* győzött. Hol tartasz a történetedben most? Az elején, a közepén, vagy a végén jársz? Egy kereszteződésnél tartasz? Ez egy fordulópont? Mi az, ami most győzedelmeskedik? Félelem vagy szeretet? Kétség vagy Bizalom? Van egy olyan egyszerű cselekedet, amit most meg tudsz tenni, vagy csak valamit elfogadni, ami teljesen megváltoztatná a forgatókönyvet?

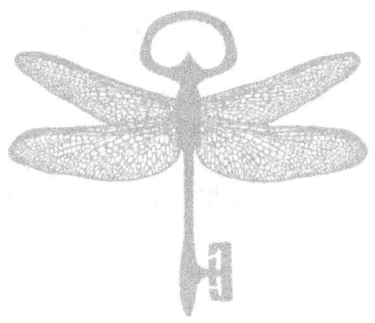

Te Magad vagy az Ajándék!

A KÁRTYÁK HASZNÁLATI ÚTMUTATÓJA ÉS KIRAKÁSI JAVASLATOK

A *Bölcsességőrző kártyák* használatának végtelen számú módja létezik. Használd a felsorolt kirakási módszereket és bátran alkalmazd a saját ötleteidet.

Egyszerű technikai javaslatok:

Akármikor keversz vagy húzol egy kártyát, fogalmazz meg egy kérdést és szándékot a szívedben. Szólítsd magadhoz a megfelelő *Bölcsességőrzőt* és kérd, hogy a legfőbb jót mutassa számodra. A kártyahúzásnál a nem-domináns kezedet használd, ezáltal előhívod belső gyermeked intuitív bölcsességét és kikapcsolod a tudatos elméd. Tartsd észben, hogy nem tudsz hibázni vagy rossz *Bölcsességőrzőt* húzni. Bízz a szinkronicitás erejében, őszintén és kreatívan engedd bele magad a kontempláció folyamatába. Kérdéseid legyenek egyértelműek, ugyanakkor nyitottak, nem eldöntendőek. Legyenek gyakorlatiasak és a jelen pillanatra érvényesek.

(Ez az önismereti kártyacsomag nem jóseszköz).

1. KAPCSOLÓDÁS A SEGÍTŐ BÖLCSESSÉGŐRZŐDDEL

Lehetnek olyan pillanatok az életedben, amikor erős vágyat vagy szükséget érzel egy különleges *Bölcsességőrző* jelenléte iránt. Olyan is előfordulhat, hogy egy fontos eseményhez, vagy életszakaszhoz szeretnél kártyát választani. Például minden egyes születésnapon, telihold idején, vagy különleges ünnepségek alkalmával választhatsz egy *Bölcsességőrzőt*. Bízz a megérzéseidben. Nézd végig az összes *Bölcsességőrzőt* és az intuíciódra hagyatkozva válassz közülük. Légy nyitott a meglepetésre.

Kérdések a *Bölcsességőrző* megtalálásához

Ki a te *Bölcsességőrződ*?
Ki az, aki inspirál téged?
Ki az, aki hisz benned?
Ki az, aki bízik benned?
Ki az, aki megért téged?
Ki az, aki látja a lelkedet?
Ki az, aki valami fontos dologra emlékeztet?
Ki az, aki biztonságot nyújt neked?
Kinek a jelenléte lenne támogató ebben a pillanatban belső utazásod során?
Ki ismeri fel egyedi ajándékaidat?

2. BÖLCSESSÉGŐRZŐ TONGLEN

A Tonglen egy légzéstechnikán alapuló meditációs módszer. Célja, hogy képesek legyünk felülemelkedni a szenvedéstől való félelmen, felébresszük magunkban a szenvedélyt és megnyissuk a szívünket. Általában a belégzésnél mások (egy másik személy vagy a világ) fájdalmát vagy félelmét szívjuk saját testünkbe. A kilégzés során pedig szeretetet, megengedést és békét küldünk vissza, vagy bármit, ami úgy érezzük, hogy enyhítené a másik fájdalmát. Most arra kérlek, hogy legyél együtt a *Bölcsességőrződdel*. Nézz a szemeibe (vagy arcára) és képzeld el, hogy együtt gyakoroljátok a Tonglen meditációt. Mindketten magatokba szívjátok a másik fájdalmát, és szerető kedvességet lélegeztek ki egymás felé. 3 vagy 5 percig gyakorolj így és figyeld meg milyen érzéseid keletkeznek.

3. NAPI ÚTMUTATÁST ÉS KONTEMPLÁCIÓT SEGÍTŐ KIRAKÁSI MÓDSZER

Energiáid összpontosításához és napi támogatás kéréséhez csodálatos lehetőség lehet, ha minden nap választasz egy *Bölcsességőrzőt*. Keverd meg a kártyákat saját érzéseid szerint. Majd helyezd el őket arccal lefelé fordítva. Tartsd a szívedben azt a szándékot, hogy a számodra aktuálisan legmegfelelőbb *Bölcsességőrző* jelenjen meg. Ha arra érzel késztetést, hogy kérdést tegyél fel, akkor tedd meg. Majd válaszd azt a kártyalapot, amelyik megszólít téged.

4. AZ ÉLET VIRÁGA KIRAKÁSI MÓDSZER (B.L.O.S.S.O.M.)

Úgy tekints az életedre, mint egy sokszirmú virágra. Ez a virág holografikus, olyan értelemben, hogy az egyes szirmok egészsége közvetlen hatással van a teljes virág egészségére. Engedd meg a *Bölcsességőrzőknek*, hogy segítsenek Életed Virágának kivirágzásában, bölcsességgel töltve fel életed minden fontosabb területét.

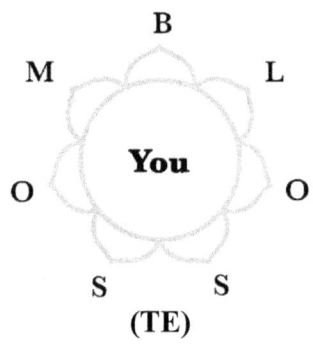

Válassz egy Bölcsességőrzőt a következő szirmok mindegyikéhez:

B (tested támogatására) - (Body)
L (a barátok, a család és a közösséged szeretetének megjelenítésére) - (Love)
O (Egy számodra fontos személlyel való kapcsolatod megvilágítására) - (Other)
S (spiritualitásod támogatására) - (Spirituality)
S (sikered támogatására) - (Success)
O (a hétköznapi életedre) - (Ordinary)
M (magasabb rendű küldetésed támogatására) - (Mission)
Te (hol tartasz most az életedben és milyen típusú támogatásra lenne a leginkább szükséged jelenleg)

(Bátran adj hozzá vagy változtass a szirmokon)

5. KAPCSOLATOK KIRAKÁSI MÓDSZERE

Ez az egyszerű kirakási módszer segíthet mélyebben rálátni vagy megérteni az önmagaddal, vagy valaki mással ápolt kapcsolatodat. Akár egy baráti, szerelmi, munkakapcsolatodat vagy a belső gyermekedhez fűződő viszonyodat fedezed fel, mindig győződj meg arról, hogy a szívedből született szándék vezéreljen, mikor kártyát húzol, még akkor is, ha ez a kapcsolódásod nehézségekkel teli jelen pillanatban. Bátran tegyél fel egy irányadó kérdést a kirakás előtt.

Húzz három *Bölcsességőrzőt* a következőkre:

Te (Az ajándék és az árnyék, mellyel te járulsz hozzá a kapcsolathoz)

A másik személy (Az ajándék és az árnyék, mellyel a másik személy járul hozzá a kapcsolathoz)

A közös út (Amit a kapcsolaton keresztül mindketten megtanulhattok és a támogatás, melyre a kapcsolatotoknak leginkább szüksége van)

6. A CSALÁD ÉS KÖZÖSSÉG KIRAKÁSI MÓDSZERE

Ezzel a kirakási módszerrel lehetőséged nyílik arra, hogy bármely csoport gyógyító és tanító képességeit felfedezd, legyen az a családod, munkahelyi közösséged, egy támogató csoport vagy egy spirituális közösség. Minden kártyahúzásnál koncentrálj a csoport egy-egy tagjára. Szándékod legyen szeretetteljes, így a *Bölcsességőrzők* képesek lesznek felfedni a csoport mélyebb céljait, és az egyes csoporttagok ajándékait és árnyékait egyaránt.

A csoport minden tagjára és magadra is húzz egy kártyalapot.

Kör alakban helyezd el a *Bölcsességőrzőket*. Válassz egy kártyalapot és helyezd el középen. Ez a kártyalap megvilágítja az egész csoport közösen betöltött mélyebb célját és rejtett lehetőségeit.

7. CSALÁDFA KIRAKÁSI MÓDSZERE

A családfa módszer egy magasabb szintű megértést nyújthat az ajándékaid, az árnyékaid és a legmélyebb sérüléseid eredetéről. Egy ilyen kirakási módszer segítségével gyógyulási folyamatokat indíthatsz el a saját és őseid életében egyaránt.

Először húzz egy kártyalapot saját magadra, majd rakj ki egy családfát a Bölcsességőrzők segítségével.

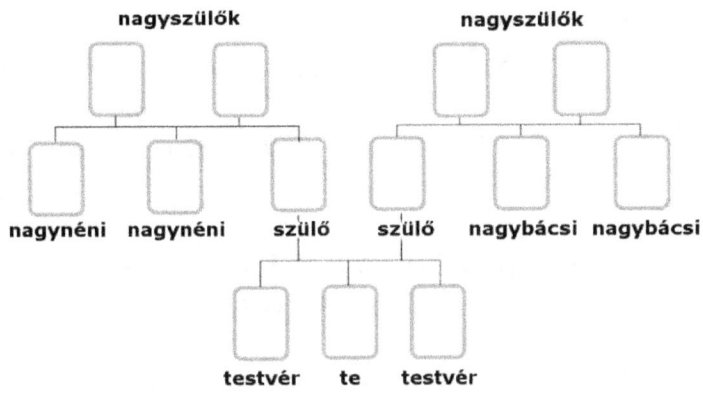

Engedd, hogy a kártyák által minden egyes hozzátartozódnak, akiket megjelenítettél a családfádban (pl. gyerekek, testvérek, szülők, nagyszülők stb.), megmutatkozzon az ajándék és az árnyék aspektusa. Minden családtaghoz a szívedből kapcsolódj, mielőtt kártyát húzol. Ennek a módszernek a mélyebb vizsgálata időt és teret vehet igénybe. A *Bölcsességőrzők* fényt deríthetnek olyan rokonaiddal kapcsolatos igazságokra, akiket nagyon jól ismersz, családi titkokat fedhetnek fel és egy teljesen új nézőpontból segíthetnek megérteni a saját erősségeidet és küzdelmeidet.

8. KREATÍV CÉL KIRAKÁSI MÓDSZER

Gondolj egy szívedben született célodra (pl. elkezdeni vagy befejezni egy projektet, megtalálni életed szerelmét, egy kreatív szenvedélyednek élni, egészségesebb életet élni, túllépni egy félelmen vagy körbeutazni a világot).

Kapcsolódj mélyen a céloddal, mielőtt húznál 3 *Bölcsességőrző* kártyát, melyek rávilágítanak a következőkre:

- **A célod**
- **Milyen akadály** áll a célod megvalósítása útjában?
- **Egy fókuszpont** a célodhoz vezető úton

9. KÜLÖNLEGES KIHÍVÁS KIRAKÁSI MÓDSZER

Ez a kirakás abban segít téged, hogy egy bizonyos kihívással dolgozz. Idézd fel a szívedben ezt a kihívást, majd válassz 4 *Bölcsességőrzőt*, akik a következőkre világítanak rá:

- **A kihívás, amivel jelenleg szembe kell nézned** (pl. kapcsolati, egészségügyi, pénzügyi, munkahelyi vagy kreativitással kapcsolatos)
- **A vágyott végkifejlet**
- **Az árnyék,** ami figyelmet igényel
- **Az ajándék,** ami segítségedre lesz

10. BELSŐ INTEGRITÁS KIRAKÁSI MÓDSZERE

Válassz 4 *Bölcsességőrzőt*, akik azokat a minőségeket segítenek fejleszteni, melyek az *integritásod* megéléséhez alapvetően szükségesek.

- A **szerető kedvesség** kártyája
- Az **önbecsülés** kártyája
- Az **egészséges önbizalom** kártyája
- A **tiszteletteljes önátadás** kártyája

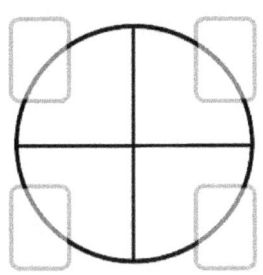

11. A 9 CSAKRA KIRAKÁSI MÓDSZERE

Válassz 9 bölcsességőrzőt, melyek betekintést és támogatást nyújtanak a tested 9 energiaközpontját illetően. *(Integral Human Design rendszere alapján)*

- *Fej (Inspiráció, tudás)*
- *Ajna (Elme, gondolkodás)*
- *Torok (önkifejezés, átalakítás)*
- *Identitás (Én, létezés, szeretet)*
- *Ego (Akarat, munka)*
- *Napfonat (Érzelmek, vágyak)*
- *Szakrális (Energia, áramlás)*
- *Lép (Intuíció, érzékelés)*
- *Gyökér (Ösztönök, bőség)*

SAJÁT EGYEDISÉGED FELFEDEZÉSE A GÉNKULCSOK SEGÍTSÉGÉVEL

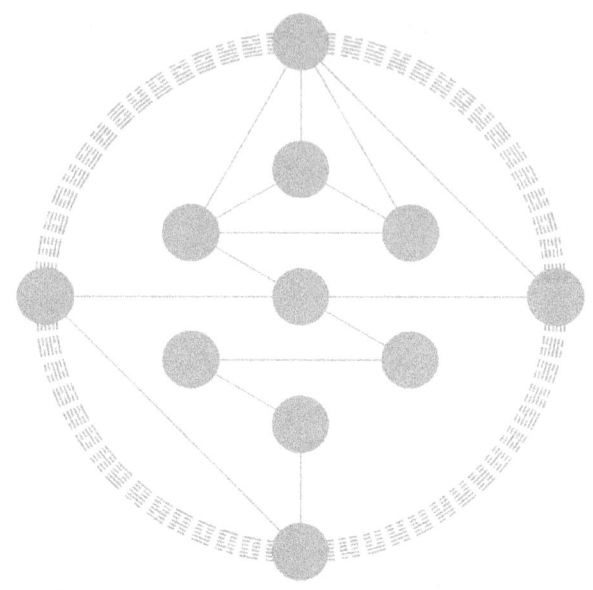

A Génkulcsok rendszerében és a saját profilodban való elmélyedés során számos módon használhatod a *Bölcsességőrzőket*. Három különböző szekvenciából épül fel az Arany út. Az első az Aktivációs szekvencia, amely végigvezet az életfeladatodon, a fejlődésed útján, az életcélodon és a ragyogásod Génkulcsain. A második neve Vénusz szekvencia, amelynek központjában a szeretetre való képesség áll, a kapcsolataid és az első 21 évedben tapasztalt fejlődési út. A harmadik neve Gyöngy szekvencia, amely a jóléthez való viszonyodat térképezi fel és a világhoz való hozzájárulásod és feladatod legteljesebb lehetőségeit tárja fel. (Biztos vagyok benne, hogy további szekvenciák is születni fognak a jövőben!)

(A Bölcsességőrző kártyák az összes szekvenciára alkalmazhatóak)

A SZÍNKÓD MEGÉRTÉSE

Amint látni fogod, egyes *Bölcsességőrzők* ugyanolyan színekben jelennek meg. Ezzel az volt a szándékom, hogy érzékeltessem, ők egy lélekcsoporthoz tartoznak. Ugyanezt Richard Rudd a Génkulcsokban *21* kodongyűrűvel jelöli. A lenti felsorolásban kifejtem, mely *Bölcsességőrzők* tartoznak az egyes kodongyűrűkhöz vagy lélekcsaládokhoz. További információ a Génkulcsok könyvben található.

- A Tűz Gyűrűje (1, 14)
- A Víz Gyűrűje (2, 8)
- Az Élet és Halál Gyűrűje (3, 20, 23, 24, 27, 42)
- A Szövetség Gyűrűje (4, 7, 29, 59)
- A Fény Gyűrűje (5, 9, 11, 26)
- Az Alkímia Gyűrűje (6, 40, 47, 64)
- Az Emberiség Gyűrűje (10, 17, 21, 25, 38, 51)
- A Megpróbáltatások Gyűrűje (12, 33, 56)
- A Megtisztulás Gyűrűje (13, 30)
- A Keresés Gyűrűje (15, 39, 52, 53, 54, 58)
- A Jólét Gyűrűje (16, 45)
- Az Anyag Gyűrűje (18, 46, 48, 57)
- A Gaia Gyűrűje (19, 60, 61)
- Az Illúzió Gyűrűje (28, 32)
- A Nincs Visszatérés Gyűrűje (31, 62)
- A Végzet Gyűrűje (34, 43)
- A Csodák Gyűrűje (35)
- Az Istenség Gyűrűje (36, 37, 22, 63)
- A Kezdet Gyűrűje (41)
- Az Illuminátusok Gyűrűje (44, 50)
- A Forgószél Gyűrűje (49, 55)

VÉGSZÓ

Szívből remélem, hogy ez az útmutató könyv inspiráló lehetőségeket nyújt a *Bölcsességőrzőkkel* való munkához. Leginkább abban bízom, hogy a következő években az archetípusok életed részévé válnak. Nézz a szemükbe, és engedd, hogy lássanak téged. Teljes szíveddel add át magad. És ahogy kapcsolatot létesítesz velük, végül felfedezed, hogy mindig is te magad voltál és vagy az a *Bölcsességőrző*, akit keresel.

A Génkulcsok felfedezése:

Genkulcsok.hu
Genekeys.com

Rosy Aronson további munkáiról, művészeti és tanítói tevékenységeiről az alábbi oldalon olvashatsz:

WisdomKeepers.net

KÖSZÖNETNYILVÁNÍTÁS

Szeretném hálámat kifejezni Ann Cameron-nak, aki éppen akkor segített, amikor a legnagyobb szükségem volt rá, összeállította és szeretettel formázta a Bölcsességőrzők belső útmutatójának papírkötésű kiadását, és rengeteg időt, tudást, bölcsességet, energiát és támogatást szentelt arra, hogy segítsen engem ennek a szeretetből született művemnek a megalkotásában. A kreatív partnerem volt és a hajtóerő a *64faces.org*. Szerkesztő, spirituális coach, marketing és PR szakember, intuitív tanácsadó és író. Önkéntesen segített nekem akkor, amikor a saját könyvének megírásával volt elfoglalva. Mindezt szeretetből tette és azért, mert hitt a *Felébredés 64 arcának* átalakító erejében. Ann-nek óriási köszönetet mondok.

WWW.AC-CREATIV.COM

A SZERZŐRŐL

Rosy Aronson, Ph.D., művész, író és egy csodálatos terapeuta. Kifejező művészetterápiából mesterképzést, míg intuitív terápia és kreatív művészetek területén doktori fokozatot szerzett. Az útmutató könyv mellett Rosy alkotta meg a **Felébredés *64 arcát*, a Bölcsességőrzők kártyacsomagot *és a Felébredés 64 arcának színező könyvét, melyek mindegyike univerzumunk alapjait képező gyógyító archetípusokat jelenít meg*. Rosy alkotása még az Integritás *bölcs kereke tanfolyam és annak kísérő könyve, a Virágzásra tervezve tanfolyam és kreatív munkafüzet, a Virágzásra tervezve forráskönyv, Határvonalon: Hogyan válj professzionális bölcsességőrzővé a gyógyító művészetek területén és a Rejtett értékek feltárásnak meséje. Legmélyebb szándéka, hogy az embereknek olyan eszközöket biztosítson, melyek segítenek felébreszteni a bennük rejlő ajándékokat és belső világukat kivirágoztatni.*

Rosy lelkes felszabadítóként és az ismeretlen átkarolójaként úgy véli, hogy mi mindannyian szó szerint arra születtünk, hogy kivirágoztassuk magunkat, és minél többen értékeljük és kifejezzük az igazi természetünket, annál több közös csodában lehet részünk. Rosy álma, hogy a **Feléberdés *64 arca* eljuthasson otthonokba, közintézményekbe, meditációs termekbe, jóga stúdiókba és iskolákba, így egyre több ember érezheti ezen bölcs lények meleg és együttérző jelenlétét.

www.ingramcontent.com/pod-product-compliance
Lightning Source LLC
Chambersburg PA
CBHW071954070526
44583CB00015B/1186